증광현문의 지혜

증광현문의 지혜

1판 1쇄 발행 2018년 1월 10일
1판 2쇄 발행 2021년 3월 5일

엮은이 한주서가
펴낸이 이윤규

펴낸곳 유아이북스
출판등록 2012년 4월 2일
주소 서울시 용산구 효창원로 64길 6
전화 (02) 704-2521
팩스 (02) 715-3536
이메일 uibooks@uibooks.co.kr

ISBN 978-89-98156-93-0 03150
값 15,000원

매일 읽는 동양의 3대 격언집 ─────

증광현문의 지혜

한주서가 엮음

유아이북스
For The Ultimate Information

이 책에 등장하는 문구들이 실린 《증광현문增廣賢文》은 중국의 각종 격언, 속담 등을 모아 묶은 책이다. 그렇기에 각각의 격언과 속담의 정확한 작자를 밝혀내기는 힘들다.

나는 오히려 이 부분이 마음에 들었다. 《증광현문》이 정식으로 편찬되어 나온 것은 명나라 시기인데 이 무렵부터 도가의 아동계몽서로 쓰이고 지금에 이르기까지 꾸준히 많은 이들에게 가르침을 주고 있다. 뛰어난 특정 인물의 가르침이 아니라 삶이라는 시간과 경험이 녹아든 선인들의 지혜가 담긴 책이라는 것이, 또한 그렇기에 오랜 시간 공감을 주고 지혜로운 교훈을 주고 있다는 생각에 마음이 갔던 것이다.

이 책을 편찬하면서 가장 득을 본 사람은 나였다. 문구를 정리하고 뜻을 풀어낼 때마다 감탄을 하고 감동을 받았기 때문이다. 결코 지식만으로는 풀어낼 수 없는 진솔함과 겪어보지 않고서는 뱉을 수 없는 무거움에 문장을 정리할 때마다 성장하고 있는 나 자신을 발견할 수 있었다.

중국에서는 아직까지도 《증광현문》을 가지고 어린 자녀의 인성 교육을 시킨다고 한다. 아무리 세월이 흐르고 세상이 바뀌어도 기본적으로 가져야 할 인간의 도리와 필수적으로 품어야 할 인성은 변함이 없으니 말이다.

우리는 나이가 들수록 고전의 위대함을 알게 된다. 오랜 시간 이어져 온 가르침은 그만한 이유가 있고 가치가 있음을 살면서 깨닫게 되는 것이다. 《증광현문》도 그런 고전과 어깨를 나란히 하는 위대한 가르침이다. 다른 시대와 환경 속에 살아가더라도 인생의 교훈은 계속해서 이어져 오고, 공감대를 만들어 내듯이 오래전 그들이 삶 속에서 터득한 지혜는 지금 우리가 가장 필요로 하는 부분이 아닐 수 없다.

부디 이 책을 통해 몇백 년 전의 그들을 만나 지금의 당신을 성장시킬 수 있기를 바란다.

한주서가를 대표해 한주 씀

차례

새해를 여는 문

1月

과거에 답이 있다

"옛 것의 경험으로 오늘을 보라,
옛 것이 없다면 오늘도 이루어지지 않는 법이니라."

觀今宜鑒古, 無古不成今。
관 금 의 감 고 , 무 고 불 성 금

사람은 언제 어디서 누구와 무엇을 하든지 그것에서부터 배울 것이 있고, 얻을 것이 있다. 어떤 경험을 했든 그 경험으로 인해 지금이 있는 것이며, 현재의 경험으로 인해 새로운 시간을 가져오게 되는 것이다. 다양한 경험을 통해 여러 가지를 배우고 채워라. 당신이 의미를 부여하는 경험은 생각지도 못했던 선물을 가져올 것이다.

* 볼 관, 이제 금, 마땅 의, 거울 감, 옛 고 / 없을 무, 옛 고, 아닐 불, 이룰 성, 이제 금

남을 지적하는 건
이해한 다음에 해도 충분하다

"나를 이해하듯 남을 이해하고,
나의 마음에 견주어 타인의 마음도 헤아려 주어라."

知己知彼, 將心比心。
지 기 지 피 , 장 심 비 심

– '지피'가 '지기'보다 뒤에 온 이유를 알아야 한다. 《손자병법》에서는 적을 먼저 아는 것에 무게를 두고 있지만 내가 누구인지 모르고서 남을 이해할 수 없다. 타인을 거울로 삼는다는 건 나를 비춰보기 위함이다. –

어떤 사람이 어두운 밤거리를 걷고 있었다. 그때 맞은편에서 장님이 등불을 들고 걸어오고 있는 걸 목격했다. 그 모습이 의아했던 사람은 장님에게 다가가 물었다.

"당신은 장님이라 어차피 앞이 보이지 않을 텐데 왜 등불을 들고 다니는 겁니까?"

그러자 장님은 이렇게 답했다.

"내가 이 등불을 들고 걸어가야 멀쩡한 사람들이 장님이 걸어가고 있다는 것을 알 수 있을 것 아니오."

* 알 지, 몸 기, 알 지, 저 피 / 장수 장, 마음 심, 견줄 비, 마음 심

자신의 가치를
제대로 아는 이와 함께 하라

"술은 자신을 알아주는 이와 마실 것이며,
시는 시를 이해할 줄 아는 사람들과의 모임에서 읊어라."

酒逢知己飮, 詩向會人吟。
주 봉 지 기 음 , 시 향 회 인 음

옛날 거문고를 아주 잘 타는 백아라는 사람이 있었다. 백아는 자신의
실력을 알아주는 종자기라는 친구가 죽자 스스로 거문고의 줄을 끊어
버리고 평생 거문고를 타지 않았다고 한다.

사람은 자신을 알아주는 누군가가 있을 때 빛난다. 또한, 나 역시 누군가
를 알아줌으로써 다른 이를 그만큼 빛나게 하고 행복하게 해줄 수 있음을
기억해야 한다.

* 술 주, 만날 봉, 알 지, 몸 기, 마실 음 / 시 시, 향할 향, 모일 회, 사람 인, 읊을 음

진정한 친구가 있다는 건 큰 축복이다

"알고 지내는 사람이 천하에 가득하다 해도,
내 마음을 알아주는 이야 몇 사람이나 되겠는가?"

相識滿天下, 知心能幾人?
상 식 만 천 하 , 지 심 능 기 인

－ 能 : '재능', '가능성'에 사용되는 한자어다. 마음을 안다는 건 누군가 나의 불편한 심리만 알아맞히는 게 아니다. 나의 사소한 능력이라도 가치 있게 여김을 의미한다. －

　휴대폰에 수백, 수천 명의 연락처가 저장되어 있다 하더라도 자신의 마음을 알아주는 사람은 과연 몇이나 될까? 살면서 진정한 친구 3명을 만들 수 있다면 그 인생은 성공한 인생이라고 말한다. 그만큼 진심으로 나를 알아주는 이가 있다는 것은 축복받은 일이다. 바쁘다는 핑계로, 여유가 없다는 이유로 그들을 소홀히 대하고 있는 건 아닌지 스스로를 돌아보도록 하라.

＊ 서로 상, 알 식, 찰 만, 하늘 천, 아래 하 / 알 지, 마음 심, 능할 능, 몇 기, 사람 인

초심을 잃지 않으면
삶이 편하다

"만날 때마다 처음 만난 것처럼 좋게 대한다면,
늙어 죽을 때가 되어서도 서로 원한을 가질 일은 없으리라."

相逢好似初相識, 到老終無怨恨心。
상 봉 호 사 초 상 식 , 도 로 종 무 원 한 심

처음 만났을 때의 설렘, 처음 만났을 때의 매너, 처음 만났을 때의 마음가짐. 이 모든 초심을 갖고 사람을 대한다면 항상 좋은 관계를 유지할 수 있다. 익숙함은 또 다른 말로 편안함이라고도 할 수 있다. 허나 편안함을 가볍게 여겨서 함부로 대할 때가 있는데 편안하다는 것은 쉽게 생각할 것이 아니다. 내가 어떻게 대하느냐에 따라 편안한 사이가 불편해질 수도 있다는 것을 명심하고, 내게 편안함을 준 모든 것에 감사함을 느껴야 한다.

＊ 서로 상, 만날 봉, 좋을 호, 닮을 사, 처음 초, 서로 상, 알 식 / 이를 도, 늙을 로, 마칠 종, 없을 무, 원망할 원, 한탄할 한, 마음 심

주변 환경이 나를 만든다

"물가에 살면 물고기의 성질을 알고,
산속에 살면 새소리를 분별할 줄 알게 된다."

近水知魚性, 近山識鳥音。
근 수 지 어 성 , 근 산 식 조 음

맹자의 어머니가 맹자의 교육을 위해 세 번 이사를 했다는 뜻의 맹모삼천지교(孟母三遷之教)라는 말이 있다. 이처럼 사람은 어떤 곳에 머무르냐에 따라 영향을 받고, 그 그릇이 정해지기 마련이다. 좋은 사람이 되고 싶다면 좋은 사람들 곁에 머물러야 하며, 성공하고 싶다면 성공한 사람들과 어울려야 한다.

* 가까울 근, 물 수, 알 지, 물고기 어, 성품 성 / 가까울 근, 메 산, 알 식, 새 조, 소리 음

좋은 건 혼자 가지려 하고
나쁜 건 나눠 가지려 한다

"쉽게 불어나고 쉽게 줄어드는 것은 산속의 계곡물이고,
쉽게 배반하고 쉽게 돌아오는 것은 속 좁은 사람의 마음이니라."

易漲易退山溪水, 易反易複小人心。
이 창 이 퇴 산 계 수 , 이 반 이 복 소 인 심

– 複 : 확장 의미로 '복잡하다'가 있다. 여럿이 겹치고 뒤섞여 있음을 뜻하기에 돌아와도 문제
인 사람의 마음을 비유한다. –

우정이 깊다고 생각하는 친구 두 명이 함께 길을 걷고 있었다. 그러던
중 한 친구가 땅에 떨어진 지갑을 발견했다. "오늘 나는 운수 대통한 날
이로구나!" 그 말에 옆에 있던 친구는 '우리'가 아닌 '나'라는 말을 쓰는
게 서운했지만 아무 말도 하지 않았다. 지갑을 가지고 가려는데 지갑 주
인이 쫓아오더니 두 친구를 다짜고짜 도둑으로 모는 것이 아닌가! 그러
자 조금 전에 지갑을 주운 친구가 그 주인에게 말했다. "우리는 지갑이
땅에 떨어져 있는 것을 주웠을 뿐이오." 그러자 옆에 있던 친구는 벌컥
화를 내며 모르는 사람이라 말했다.

* 쉬울 이, 넘칠 창, 쉬울 이, 물러날 퇴, 메 산, 시내 계, 물 수 / 쉬울 이, 돌이킬 반, 쉬울 이, 겹칠 복,
  작을 소, 사람 인, 마음 심

변화하지
않는 것은 없다

"운이 가면 황금도 쇠가 되고,
때가 오면 쇠도 황금이 된다."

運去金成鐵, 時來鐵似金。
운 거 금 성 철 , 시 래 철 사 금

— 成 : '이루다'는 뜻으로, 유형의 물체인 금이 쇠가 되는 것이라기보다는 어떤 꼴을 이루거나
그 꼴로 이루어짐을 뜻하는 '형성(形成)'의 의미다. —

진인사대천명(盡人事待天命)이란 말이 있다. 사람이 자기 할 일을 다 했다면 나머지는 하늘에게 맡겨야 한다는 뜻이다. 당신이 뿌려둔 씨앗은 때가 되면 황금이 되기도 하지만, 당신이 구해 놓은 황금도 시기가 지나버리면 한낱 쇳덩이에 불과하다. 만약 당신이 하루하루 열심히 씨앗을 뿌렸는데도 수확하지 못하고 있다면, 아직 때를 만나지 못했을 뿐이지 결코 헛된 일을 한 것은 아니다. 그리고 만일 당신이 지금 황금을 수확했다면 황금을 얻었다고 기뻐하고 있을 것이 아니라, 운이 다해 황금이 쇳덩이가 될 때를 대비해 두어야 할 뿐이다.

＊ 옮길 운, 갈 거, 금(쇠) 금, 이룰 성, 쇠 철 / 때 시, 올 래, 쇠 철, 닮을 사, 금(쇠) 금

책의 가치는 읽는 사람의 정성에 따라 다르다

"책을 읽을 때는 그 뜻을 깊이 새기며,
한 글자, 한 글자를 천금의 가치가 있는 듯이 읽어야 한다."

讀書須用意, 一字值千金。
독 서 수 용 의 , 일 자 치 천 금

중국에는 이런 말이 있다.

"마음을 깨끗이 비운 후 비로소 책을 읽고 옛것을 배우도록 하라. 그렇지 않으면 한 가지 선행을 보아도 그것을 자신의 사욕을 채우는 데 쓸 것이고, 한마디 좋은 말을 들어도 그것을 자신의 허물을 덮는 데 이용하게 될 것이다. 이는 곧 적에게 병기를 빌려 주고, 도적에게 양식을 대 주는 것과 같다."

책을 읽을 때도, 무언가를 배울 때도 그 가치를 어디에 세울 것인지를 먼저 생각해 보아야 한다. 아무리 좋은 말도 값어치 있게 받아들이고 쓰지 않는다면 배우지 아니한 것만 못할 테니.

＊ 읽을 독, 글 서, 모름지기 수, 쓸 용, 뜻 의 / 한 일, 글자 자, 값 치, 일천 천, 쇠 금

말은 잘하는 것보다
아끼는 것이 중요하다

"사람을 만나 말을 할 때는 하려는 말의 삼할 만을 말하고,
자신의 마음을 다 털어놓지 말도록 하라."

逢人且說三分話, 未可全拋一片心。
봉 인 차 설 삼 분 화 , 미 가 전 포 일 편 심

— 且 : '또한'의 의미로 사용되지만 '장차', '만약'으로도 해석된다. 일어나지 않았거나 다가올
미래를 가늠할 때도 사용된다. —

사람들과 대화를 할 때 말하는 것보다 듣기가 더 중요하다. 중국의 사
상가인 '순자' 역시 "쓸데없는 말과 급하지 않은 일은 그만두고 다스리지
말라"며 말의 가벼움에 대해 충고했다. 말은 하기보다 하지 않는 것이 더
어려운 법이다. 또한 뱉은 말은 다시 담을 수 없지만, 삼킨 말은 언제든
다시 할 수 있다. 그러므로 말을 아끼고 자중하자.

＊ 만날 봉, 사람 인, 또 차, 말씀 설, 석 삼, 나눌 분, 말씀 화 / 아닐 미, 옳을 가, 온전할 전, 던질 포, 한
 일, 조각 편, 마음 심

욕심을 버려야
이룰 수 있다

"뜻을 두어 꽃을 심으면 꽃이 피지 않고,
무심코 심은 버드나무는 큰 그늘을 이룬다."

有意栽花花不發, 無心插柳柳成蔭。
유 의 재 화 화 불 발 , 무 심 삽 류 류 성 음

　　우리는 종종 성공한 사람들이 실패 끝에 마지막이라고 생각한 곳에
서 성공을 이뤄냈다는 얘기를 듣곤 한다. 이것은 욕심을 버리고 순수한
마음으로 일을 시작했을 때 성공할 수 있음을 전해주는 메시지로 받아
들일 수 있다. 무슨 일이든 욕심을 버릴 때 새로운 눈이 떠지고 그 뜻이
진정 이루어지는 법이다.

＊ 있을 유, 뜻 의, 심을 재, 꽃 화, 꽃 화, 아닐 불, 필 발 / 없을 무, 마음 심, 꽃을 삽, 버들 류, 버들 류, 이
　룰 성, 그늘 음

편견을 버려야
진심이 보인다

"용과 호랑이는 그려도 그 뼈를 그리기는 어렵고,
사람과 얼굴은 알 수 있으나 그 마음은 알기 어렵다."

畫龍畫虎難畫骨, 知人知面不知心。
화 룡 화 호 난 화 골 , 지 인 지 면 부 지 심

경청하기는 쉬워도 그 말의 진심을 헤아리기는 어렵고, 관상을 보아
도 그 사람의 본성을 알기는 어렵다. 세상사를 알아간다 하더라도 여전
히 알기 어려운 건 사람의 마음이다. 사람의 마음을 안다고 여기는 순간
편견과 아집에 빠지기 쉽기 때문이다. 그렇기에 언제나 무지하다는 마음
으로 다른 사람들의 말을 귀담아듣고 겸손해야 한다.

* 그림 화, 용 룡, 그림 화, 범 호, 어려울 난, 그림 화, 뼈 골 / 알 지, 사람 인, 알 지, 낯 면, 아닐 부, 알 지,
마음 심

중요한 것은
외적인 것이 아니다

"돈과 재물은 썩은 흙과 같으나,
인과 의는 천금과도 같다."

錢財如糞土, 仁義値千金。
전 재 여 분 토 , 인 의 치 천 금

　　지혜의 왕 솔로몬은 평생 충분한 부와 명예 속에서 살았다. 그것은
솔로몬이 하나님의 축복을 청할 때 '지혜'를 원했기 때문이다. 지혜롭다
는 것은 곧 인과 의를 지녔다는 뜻이다. 부와 명예는 한순간 사라질 허
상과도 같은 것이지만, '지혜'와 '인의'를 지니고 있다면 부와 명예는 자
연스럽게 따라올 것이다. 솔로몬 역시 이것을 알고 있었기 때문에 부귀
영화가 아닌 지혜를 청함으로써 부와 명예까지 함께 누릴 수 있었던 것
은 아닐까?

＊ 돈 전, 재물 재, 같을 여, 똥 분, 흙 토 / 어질 인, 옳을 의, 값 치, 일천 천, 쇠 금

세상에는
'그냥' 하는 일이 더 많다

"흐르는 물이 낮은 곳으로 흘러 여울을 이루지만 뜻이 있는 것이 아니고,
흰 구름이 산봉우리를 휘감아 돌지만 마음이 있는 것은 아니다."

流水下灘非有意, 白雲出岫本無心。
유 수 하 탄 비 유 의 , 백 운 출 수 본 무 심

물이 흘러가는 것은 어떤 특별한 결과를 내기 위해서가 아니고, 흰 구름이 떠다니는 것 또한 다른 특정한 목적이 있어서가 아니다. 사람도 마찬가지다. 사람이 하는 모든 행위가 늘 어떤 목적과 계획으로만 행해지는 것은 아니다. 특히 아이들이 그렇다. 우리는 아이들을 다그칠 때 "왜 그랬어?"라는 말로 다그치지만 아이들의 대답은 늘 "그냥…"이다. 모든 일을 이성적으로 접근하기보다는 그저 보듬어 주고, 끌어안아 주는 것도 필요하다.

＊ 흐를 유, 물 수, 아래 하, 여울 탄, 아닐 비, 있을 유, 뜻 의 / 흰 백, 구름 운, 날 출, 산굴 수, 근본 본, 없을 무, 마음 심

높은 곳에서만
보이는 게 있다

"그때 높은 곳에 올라 바라보지 않았더라면,
동쪽으로 흘러간 물이 깊은 바다를 이룬다는 것을 알 수 있었을까?"

當時若不登高望, 誰信東流海洋深?
당 시 약 불 등 고 망 , 수 신 동 류 해 양 심

– 若 : '약'자는 '같다'라는 뜻으로 많이 쓰이지만, '만약', '혹시'라는 의미로도 쓰인다. –

성장에는 경험이 있어야 하고, 실패의 경험은 더욱 필요하다. 고생스럽게 올라서야만 했던 시간이 없었다면 결코 알 수 없는 것들이 있다. 넘어짐을 두려워하지 말고, 올라가야 할 높이를 보며 좌절하지 마라. 바닥을 겪어야만 알 수 있는 것들이 있으며, 정상에 올라보고 나서야 비로소 보이는 것들도 있다. 그렇게 해서 알게 된 모든 것들은 무엇과도 비할 수 없는 당신만의 소중한 자산이 되는 것이다.

---

* 마땅 당, 때 시, 만약(같을) 약, 아닐 불, 오를 등, 높을 고, 바랄 망 / 누구 수, 믿을 신, 동녘 동, 흐를
류, 바다 해, 큰 바다 양, 깊을 심

오래된 벗은
소중한 존재이다

"먼 길을 가 봐야 말의 힘을 알 수 있고,
날이 오래되어야 사람의 마음을 알 수 있다."

路遙知馬力, 日久見人心。
노 요 지 마 력 , 일 구 견 인 심

'친구'란 말은 가깝게 오랜 사귄 사람이란 뜻이다. 가까이서 오래 지내 오며 마음을 주고받는 사람을 벗이라고 부르는 것이다. 그래서 진정한 벗은 언제 만나도 편하고 어제 본 것처럼 어색하지 않다. 친구 관계를 오래 이어 가려면 더욱 우정을 조심스럽게 다루고 소중히 여겨야 한다. 물건은 새로운 것이 좋지만, 친구는 오래된 친구가 좋은 법이다. 인생의 보물을 쉬이 잃는 어리석음을 범하지 마라.

* 길 노, 멀 요, 알 지, 말 마, 힘 력 / 날 일, 오랠 구, 볼 견, 사람 인, 마음 심

마음이 맞으면
못할 게 없다

"두 사람의 마음이 한마음이면 돈이 없어도 금을 구할 수 있으나,
각자 다른 마음이라면 돈이 있어도 바늘조차 사기 어렵다."

兩人一般心, 無錢堪買金,
양 인 일 반 심 , 무 전 감 매 금

一人一般心, 有錢難買針。
일 인 일 반 심 , 유 전 난 매 침

사람의 마음은 수학적으로 계산할 수 없다. 혼자서는 할 수 없지만,
두 사람만 합심해도 세상을 움직일 수 있을 만큼의 큰 힘을 낼 수 있다.
반대로 각자가 아무리 뛰어난 능력을 지녔다 해도 마음이 맞지 않으면
일을 하지 않는 것만 못하다. 팀을 꾸려 일을 진행할 때는 능력도 중요하
지만 팀워크를 가장 우선시해야 한다. 맞지 않는 한 사람이 팀 전체의 사
기를 떨어뜨릴 수도 있으니 말이다.

＊두 양, 사람 인, 한 일, 가지 반, 마음 심 / 없을 무, 돈 전, 견딜 감, 살 매, 쇠 금 / 한 일, 사람 인, 한 일,
가지 반, 마음 심 / 있을 유, 돈 전, 어려울 난, 살 매, 바늘 침

가까워질수록
어려운 것이 사람이다

"서로 만나면 친해지기는 쉬우나,
오래 지내다 보면 서로 대하기가 어렵다."

相見易得好, 久住難爲人。
상 견 이 득 호 , 구 주 난 위 인

오래 보아야 예쁜 것이 사람이라지만, 오래 볼수록 알 수 없는 것이 또한 사람이다. 흔히 가족들이나 친한 친구들끼리는 그 사람에 대해 잘 안다고 여기며 쉽게 대하기 일쑤다. 하지만 한 사람이 다른 상대를 완전히 이해한다는 건 불가능한 일이다. 그렇기에 누구도 그 사람에 대해 잘 안다고 쉬이 말하지 말라. 그렇게 말하는 순간, 그 사람이 멀어지게 될 테니 말이다.

* 서로 상, 볼 견, 쉬울 이, 얻을 득, 좋을 호 / 오랠 구, 살 주, 어려울 난, 할 위, 사람 인

돈이 없다 해서
꿈도 없는 것은 아니다

"말이 가는데 힘이 없는 것은 말이 여위었기 때문이고,
사람이 풍류를 즐기지 못하는 것은 가난하기 때문이다."

馬行無力皆因瘦, 人不風流只爲貧。
마 행 무 력 개 인 수 , 인 불 풍 류 지 위 빈

누구나 지인들과 함께 멋진 곳을 다니며 즐기고 싶어 하지만 경제적
으로 여유가 없는 이에게는 이게 늘 내 맘 같지 않다. 모두가 어울려 놀
러 다닐 때 자신은 가난하여 함께 어울리지 못하는 것은 안타까운 일이
지만, 달리 보면 그것도 나름대로의 풍류가 있다고도 할 수 있다. 남들이
풍류를 즐길 때 단지 가난해서가 아니라, 이루기 위한 큰 뜻을 위해 지
금은 참고 욕망을 삼가는 모습은 그 또한 나름의 풍류가 있어 보이는 법
이다. 가난하되 뜻은 옹색하게 품지 말 것이며, 뜻을 품었다면 당당하게
굴어라.

* 말 마, 다닐 행, 없을 무, 힘 력, 다 개, 인할 인, 여윌 수 / 사람 인, 아닐 불, 바람 풍, 흐를 류, 다만 지,
할 위, 가난할 빈

남을 용서하는 건
나를 위한 일이다

"남을 용서하는 것은 그 사람이 어리석기 때문이 아니고,
진정 어리석은 자는 남을 용서할 줄 모름이다."

饒人不是癡漢, 癡漢不會饒人。
요 인 불 시 치 한 , 치 한 불 회 요 인

— 會 : '모이다', '모으다'의 뜻이 있지만 격언에선 확장 의미인 '이해하다'로 해석되었다. —

    남을 미워하는 마음을 갖는 것은 칼을 삼키는 것이요, 남을 욕하는
것은 칼을 물고 말하는 것이다. 남을 미워하고 욕하는 것은 결국 자신을
해치는 길이다. 그렇기에 남을 용서하지 못하는 이는 스스로를 해치고
얽매이게 하는 것이기에 어리석을 뿐이다. 용서는 상대방을 위해 하는
것이 아니다. 언제나 용서는 자신을 위해 하는 것임을 알아야 한다.

* 넉넉할 요, 사람 인, 아닐 불, 옳을 시, 어리석을 치, 사나이(한수) 한 / 어리석을 치, 사나이(한수)
한, 아닐 불, 모일 회, 넉넉할 요, 사람 인

가까운 이웃은
친척과 다르지 않다

"친척임에도 친족만큼 친하지 않은 사람이 있고,
친척이 아닌데도 오히려 한집안 같은 사람이 있다."

是親不似親, 非親卻似親。
시 친 불 사 친 , 비 친 각 사 친

— 親 : '친구'처럼 가까운 사이에 사용되며 특히 '친척', '친정', '친족' 등 항렬에 뿌리를 두고 있다. —

친척이라도 자주 보지 않으면 남보다도 못하고, 남이라도 자주 왕래를
하다 보면 친척보다 더 가까운 사람들이 있기 마련이다. 요즘에는 좀처
럼 듣기 힘든 말이 되었지만 예전에는 '이웃사촌'이란 말이 있었다. 이웃
이 일가친척보다 더 가깝고 친했기 때문에 생겨난 말이다. 그러나 요즘
에는 이웃사촌이란 말 대신 이웃사람이라는 말을 쓰는 것도 모자라, 이
웃을 경계하는 지경에 이르렀다. 예의를 차리면서 스스로를 지키는 것
도 중요하지만, 얼굴을 자주 마주치는 사이에 정을 지켜 나가는 것도 중
요하지 않을까?

＊옳을 시, 친할 친, 아닐 불, 닮을 사, 친할 친 / 아닐 비, 친할 친, 물리칠 각, 닮을 사, 친할 친

잦은 부탁은
신뢰감을 잃게 한다

"일을 줄이고 아껴 쓰면,
남에게 부탁하는 일이 없다."

省事儉用, 免得求人。
생 사 검 용 , 면 득 구 인

개미와 베짱이의 이야기처럼 평소 대비가 잘 되어 있다면 남에게 부탁하는 일이 없을 것이다. 남에게 부탁하는 일이 나쁘기야 하겠냐마는 부탁을 자주 하면 신뢰가 떨어질 수 있고, 가벼이 보일 수도 있다. 철저한 준비를 통해 자신의 일은 스스로 감당하는 것이 나에게도, 상대방에게도 좋은 일이다.

＊ 덜 생, 일 사, 검소할 검, 쓸 용 / 면할 면, 얻을 득, 구할 구, 사람 인

배움에도 때가 있다

"꾀꼬리와 꽃도 봄이 가는 걸 두려워하는데,
어찌 배우는 사람이 헛되이 봄(청춘)을 보내려 하는가?"

鶯花猶怕春光老, 豈可教人枉度春?
앵 화 유 파 춘 광 노 , 기 가 교 인 왕 도 춘

― 可 : '들어주다'의 뜻이 있다. 가르침을 들으니 배우는 사람이 된다. ―

　　배움에 끝은 없다. 허나 배우기에 최적의 시간은 존재한다. 예를 들어
체조를 배우려 한다면 남녀노소 누구나 배울 수는 있겠지만, 아직 몸이
유연하고 근력이 좋을 시기에 배우는 것이 훨씬 좋다는 것이다. 환갑이
넘은 나이에 체조를 익히는 것은 가능하지만 결코 어린 아이들을 따라
가지는 못할 것이다. 나이는 숫자에 불과하지만, 그 나이에 가장 잘할 수
있는 것은 있기 마련이다.

＊ 꾀꼬리 앵, 꽃 화, 오히려 유, 두려워할 파, 봄 춘, 빛 광, 늙을 노 / 어찌 기, 옳을 가, 가르칠 교, 사람
　인, 굽을 왕, 법도 도, 봄 춘

꾀병을 부리다
진짜 병에 걸릴 수 있다

"도량이 크면 화가 없고,
꾀가 많으면 화 또한 많다."

量大禍不在, 機深禍亦深。
양 대 화 불 재 , 기 심 화 역 심

– 기계장치를 쓸 때 '틀 기(機)'가 사용된다. 다른 뜻으로 '재치'라는 의미도 있다. 복잡한 기계를 작동시키는 건 영특한 일이므로 잔머리보다 기량, 기교의 뉘앙스도 있다. –

  한 과부가 시장에서 암탉 한 마리를 사왔다. 암탉은 매일 한 개의 달걀을 낳았다. 과부는 그 달걀을 모아 장날에 내다 팔곤 했는데, 어느 날 과부는 암탉에게 모이를 더 주면 하루에 달걀을 두 개씩 낳지 않을까 하고 생각했다. 과부는 그날부터 암탉에게 모이를 두 배로 주며 달걀을 두 개씩 낳기를 기다렸다.

  하지만 과부의 기대와는 달리 암탉이 알을 하나 밖에 낳지 않자 더 많은 모이를 먹었다. 결국 몸이 불어난 암탉은 하루에 한 개의 달걀마저도 낳지 못하게 되었다.

* 헤아릴 양, 클 대, 재앙 화, 아닐 불, 있을 재 / 틀 기, 깊을 심, 재앙 화, 또 역, 깊을 심

내가 한 말과 행동은
언젠가 돌아온다

"집에 온 손님을 대접할 줄 모르면,
밖에 나가 아무런 대접도 받지 못한다."

在家不會迎賓客, 出門方知少主人。
재 가 불 회 영 빈 객 , 출 문 방 지 소 주 인

자신의 위치와 관계는 언제든 바뀔 수 있다. 지금은 서비스를 주는 입장일 수 있지만 돌아서면 서비스를 받아야 하는 입장이 될 수 있으며, 지금은 물건을 파는 입장이지만, 이후에는 나 역시 물건을 사야 하는 입장이 될 수 있는 것이다. 내가 상대방의 입장이 될 수 있음을 알면서 그에게 아무런 배려도 하지 않는 것은 어리석은 행동이다. 내게서 나간 모든 행위와 말은 자신에게 돌아온다는 것을 잊지 말아야 할 것이다.

* 있을 재, 집 가, 아닐 불, 모일 회, 맞을 영, 손 빈, 손 객 / 날 출, 문 문, 모방 방, 알 지, 적을 소, 주인 주, 사람 인

진정한 즐거움은
내면에서부터 시작된다

"선이야말로 진정한 보물이니 아낌없이 사용하고,
마음을 좋은 밭으로 여기며 항상 경작하도록 하라."

善爲至寶深深用, 心作良田世世耕。
선 위 지 보 심 심 용 , 심 작 양 전 세 세 경

― '생생세세(生生世世)'는 불교에서 몇 번이고 다시 환생함을 말한다. '세'는 이승 혹은 세상으로
해석되므로 진정 깨어있음을 느끼려면 현실에서 어진 마음을 지니고 있어야 함을 뜻한다. ―

물은 파도가 없으면 스스로 고요한 법이고, 거울은 먼지가 없으면 저
절로 맑은 법이다. 그러니 굳이 마음을 맑게 하려고 애쓸 필요 없이 흐
린 것을 제거하면 저절로 맑아질 것이며, 즐거움을 찾으려고 애쓸 필요
없이 괴로움을 제거하면 저절로 즐거워질 것이다. 선한 마음을 가꾸면
필요한 모든 것은 저절로 채워질 것이니 외부적인 것이 아닌 내면부터 늘
가꾸도록 해야 한다.

＊착할 선, 할 위, 이를 지, 보배 보, 깊을 심, 깊을 심, 쓸 용 / 마음 심, 지을 작, 좋을(어질) 양, 밭 전,
　인간 세, 인간 세, 밭 갈 경

기적은
우연이 아니다

"손님이 와도 돌보지 않는 것은,
응당 바보일 뿐이다."

客來主不顧, 應恐是癡人。
객 래 주 불 고 , 응 공 시 치 인

친절을 베풀 기회를 놓쳐버리는 이는 어리석다. 친절을 베풀 수 있을 때는 적극적으로 나서야 하며, 생각에만 그쳐서도 안 된다. 내게 주어지는 행운은 평소 자신이 얼마나 많은 씨앗을 뿌려 두었느냐에 따라 정해지게 된다. 기적이라고 말하는 복도, 소소하게 일상에서 일어나는 행운도 언젠가 내가 뿌려 둔 씨앗에서부터 맺은 열매임을 잊지 말자.

＊손 객, 올 래, 주인 주, 아닐 불, 돌아볼 고 / 응할 응, 두려울 공, 이 시, 어리석을 치, 사람 인

돈 때문에 나를 받든다면
그리 기뻐할 일은 아니다

"가난한 자는 번화한 곳에 살아도 관심 있어 하는 사람이 없고,
부유한 자는 산 속에 있어도 먼 친척이 찾아오는 법이다."

貧居鬧市無人問, 富在深山有遠親。
빈 거 뇨 시 무 인 문 , 부 재 심 산 유 원 친

내가 뛰어나서 사람들이 받드는 것은 나의 위치와 부를 받드는 것일 뿐이고, 내가 부족하여 사람들이 업신여기는 것은 나의 옷과 가난을 하찮게 보는 것이다. 사람들이 처음부터 나를 받드는 것이 아니라 내가 가진 것을 받드는 것뿐이므로 그리 기뻐할 것도 없다. 또한 나를 업신여기는 것이 아니라 내가 가지지 못한 것을 업신여길 뿐인데 어찌 화를 내겠는가?

* 가난할 빈, 살 거, 시끄러울 뇨, 저자 시, 없을 무, 사람 인, 물을 문 / 부유할 부, 있을 재, 깊을 심, 메산, 있을 유, 멀 원, 친할 친

모든 사람의 마음을
충족시킬 수는 없다

"뒤에서 손가락질 받지 않을 사람이 어디 있으며,
다른 사람 앞에서 남 탓하지 않을 사람이 어디 있으랴?"

誰人背後無人說, 哪個人前不說人?
수 인 배 후 무 인 설 , 나 개 인 전 불 설 인

    모든 사람에게 좋은 사람으로 인정받기는 어려우며, 누군가를 비판하지 않기도 어려운 일이다. 내가 아무리 최선을 다해도 모든 이들의 요구를 충족시킬 수는 없다. 그렇기에 오히려 자신의 신념을 세워두고, 그 신념을 지켜 나가는 선에서 최선의 배려를 하는 것이 중요하다. 모든 이들을 배려하려고 하는 모습조차도 누군가의 비난과 원망을 사게 될 수도 있으니 말이다.

＊ 누구 수, 사람 인, 등 배, 뒤 후, 없을 무, 사람 인, 말씀 설 / 어찌 나, 낱 개, 사람 인, 앞 전, 아닐 불, 말씀 설, 사람 인

마음은 환경에 따라
요동친다

"시끄러운 곳에선 돈을 버는 법이고,
조용한 곳에선 몸이 편안해지는 법이다."

鬧市掙錢, 靜處安身。
요 시 쟁 전 , 정 처 안 신

이미 정형화된 말일지도 모른다. 우리는 알게 모르게 이를 따르고 있기 때문이다. 사업을 하려는 사람은 유동 인구를 신경 쓰고 가능한 사람들이 북적이는 도심 한가운데로 들어가려 한다. 그러나 퇴직하고 난 뒤나 요양을 하고 싶을 때는 사람이 적은 외곽으로 나가고 있다. 팬이든 안티든 사람들의 관심이 쏟아지는 곳에서는 다양한 이슈를 만들어 낼 수 있다. 하나 그럴수록 문제도 많이 발생하는 법이다. 마음을 편안하게 하고 싶다면 그런 문제 자체가 나올 일이 없는 조용한 곳이 좋다.

* 시끄러울 요, 저자 시, 찌를 쟁, 돈 전 / 고요할 정, 곳 처, 편안 안, 몸 신

말과 마음의 공통점은
항상 신경 써 줘야 한다는 점이다

"사람들과 함께 있을 때는 입을 막고,
홀로 앉아 있을 때는 마음을 막아라."

群居防口, 獨坐防心。
군 거 방 구 , 독 좌 방 심

말은 신경 쓰지 않으면 자신도 모르게 불필요한 말들이 쏟아져 나오고, 마음은 신경 쓰지 않으면 헛된 망상에 젖게 된다. 사람은 기본적으로 사랑과 두려움을 동시에 떠올리곤 한다. 그렇기 때문에 의도적으로 절제하고 자중하지 않으면 두려움을 바탕으로 한 부정적인 말과 마음으로 자신을 해치게 된다. 타인과 함께 할 때는 한 번 더 생각하고 말을 하며, 마음은 의도적으로 부정적인 생각을 지우고 긍정적인 마음으로 채워라.

* 무리 군, 살 거, 막을 방, 입 구 / 홀로 독, 앉을 좌, 막을 방, 마음 심

정결한 몸과 마음

2月

시대가 변하는 건
자연의 이치이다

"장강의 뒷 물결이 앞 물결을 밀어내듯이,
세상은 새사람이 옛사람을 대신한다."

長江後浪推前浪, 世上新人趕舊人。
장 강 후 랑 추 전 랑 , 세 상 신 인 간 구 인

시대가 변함에 따라 그 시대가 필요로 하는 사람도 달라진다. 시대의
흐름을 이해하지 못하고 역행하는 자는 더불어 살아가기 힘들어진다.
시대가 흘러가는 것은 자연의 이치이자 순리이다. 가는 것을 보내 주고,
오는 것을 반가이 맞이하여야 과거라는 시간을 발판 삼아 나아갈 수 있
다. 그렇게 손에 쥔 것을 놓아야만, 새로운 것을 쥘 수 있는 법이다.

＊길 장, 강 강, 뒤 후, 물결 랑, 밀 추, 앞 전, 물결 랑 / 인간 세, 윗 상, 새 신, 사람 인, 쫓을 간, 옛 구, 사
람 인

준비된 자가
기회를 얻는다

"물가의 누대가 먼저 달빛을 얻고,
해를 향한 꽃과 나무가 먼저 봄을 맞이한다."

近水樓台先得月, 向陽花木早逢春。
근 수 루 대 선 득 월 , 향 양 화 목 조 봉 춘

– '별 태(台)'는 '대'로 표기될 때가 있다. 높고 평평한 건축물 또는 높게 두드러진 평평한 땅
모양을 말할 때 쓰인다. –

　어떤 일이든 그 일에 예상을 하고 준비하고 있던 자가 이것을 가장 잘
맞이하고 잘 대처하는 법이다. 무언가를 기다리고 기대하고 있다면 그
자리에 앉아 그저 하염없이 기다리지 말고 먼저 나서 일을 알아보고 정
보를 구해라. 때에 이르렀을 때 누구보다 먼저 기회를 얻을 수 있도록 말
이다.

＊ 가까울 근, 물 수, 다락 루, 대 대, 먼저 선, 얻을 득, 달 월 / 향할 향, 볕 양, 꽃 화, 나무 목, 이를 조,
만날 봉, 봄 춘

이미 주어진 것에
감사하라

"몸에 병이 없는 것이 부귀이니,
몸이 평안하다면 가난을 원망하지 마라."

體無病爲富貴, 身平安莫怨貧。
체 무 병 위 부 귀 , 신 평 안 막 원 빈

— 莫 : '하지 말라'의 뜻이 있으며 '막론(莫論)'에 사용된다. 막론은 '남녀노소 막론하고'에 쓰인 것처럼 이것저것 따지지 말라는 의미로 해석된다. —

세상 모든 것은 내가 존재하기에 의미가 있는 것이다. 내가 없으면 이 세상 그 무엇이 의미가 있겠는가. 그러니 내가 있고 건강하여 무엇이라도 할 수 있다면 그 외 모든 것은 부정적으로 바라보지 말고 할 수 있다는 것에 그저 감사해야 한다. '나'라는 무궁무진한 존재가 부귀도 그 무엇도 이룰 수 있음을 믿어 의심치 말라.

* 몸 체, 없을 무, 병 병, 할 위, 부유할 부, 귀할 귀 / 몸 신, 평평할 평, 편안 안, 없을 막, 원망할 원, 가난할 빈

리더가 해야 할 첫 번째 일은 솔선수범이다

"먼저 도착하는 자가 임금이 되고,
늦게 도착하는 자가 신하가 된다."

先到爲君, 後到爲臣。
선 도 위 군 , 후 도 위 신

　무슨 일이든 선점하는 자가 리더가 되고, 큰 이익을 내는 법이다. 어떤 일을 하든지 리더가 되려 한다면 솔선수범하고 뒤로 빼지 마라. 적극적이고 희생적인 부분을 보여야 다른 이들도 리더로 인정하는 법이다. 오늘날에는 누구를 따를 것이냐를 고민하는 것이 아니라, 무엇을 새로이 시도할 것이냐를 생각해야 한다. 시대의 흐름과 변화의 시작을 빨리 알아채는 이가 새로운 시대의 리더가 될 것이다.

* 먼저 선, 이를 도, 할 위, 임금 군 / 뒤 후, 이를 도, 할 위, 신하 신

교만이 가득하기보다
덕이 넘치는 게 낫다

"남보다 먼저 길을 떠났다고 말하지 말라,
너보다 먼저 떠난 행인이 있다."

莫道君行早, 更有早行人。
막 도 군 행 조 , 갱 유 조 행 인

사회에서 잘 나가던 한 사람이 덕이 높은 고승을 찾아가 선이란 무엇
이냐고 물었다. 그 물음에 노승은 아무 말 없이 그 사람의 찻잔에 넘치
도록 차를 따랐다.

"스님, 찻물이 넘쳐흐릅니다. 이제 그만 따르십시오!"

그의 말에 비로소 노승이 입을 열었다.

"지금 넘치는 것은 찻물이 아니라 교만한 당신의 마음이오. 당신이 그
마음을 비우지 않는 이상 거기에다 무엇을 더 담을 수 있겠소."

＊없을 막, 길 도, 그대(임금) 군, 다닐 행, 이를 조 / 다시 갱, 있을 유, 이를 조, 다닐 행, 사람 인

성인은 자신을
성인이라 말하지 않는다

"정직하다고 하는 말을 믿지 마라.
모름지기 어진 사람은 자신이 어질다고 하지 않는다."

莫信直中直, 須防仁不仁。
막 신 직 중 직 , 수 방 인 불 인

성인들을 되돌아보면 스스로를 성인이라 말한 자가 없다. 늘 부족하다고 말하고, 너희도 다르지 않다고 말한 것이 성인이다. 자신을 특별하다고 여기고 내세우는 것 자체가 성인의 자질이 없는 것이며, 이는 성인이 아닌 것을 의미한다. 새는 자신이 날 수 있음을 뽐내지 않고, 물고기는 빠르게 헤엄침을 자랑하지 않는 법이다.

* 없을 막, 믿을 신, 곧을 직, 가운데 중, 곧을 직 / 모름지기 수, 막을 방, 어질 인, 아닐 불, 어질 인

삶에는
거짓도 필요하다

"산속에는 곧은 나무가 있지만,
세상에는 정직한 사람이 없다."

山中有直樹, 世上無直人。
산 중 유 직 수 , 세 상 무 직 인

타인에게도, 스스로에게도 정직하기란 결코 쉽지 않다. 정직은 필요한
것이지만, 때론 사실대로 말했을 때 언짢아할 상대방을 위해서 정직보
다 거짓을 택해야 할 때도 있다. 그러니 정직한 사람이 없다기보다 그만
큼 정직하게 살기 어렵다는 뜻으로 받아들이자. 꼭 나를 위해서가 아닌
세상을 살아가는 데 거짓도 필요하다는 걸 잘 알고 있으니 말이다. 허나
이것을 핑계로 정직을 저버리지는 말자.

* 메산, 가운데 중, 있을 유, 곧을 직, 나무 수 / 인간 세, 윗 상, 없을 무, 곧을 직, 사람 인

원망의 끝은
자멸이다

"가지에 잎이 없음을 스스로 원망해야지,
태양이 치우쳐 있다고 원망하지 마라."

自恨枝無葉, 莫怨太陽偏。
자 한 지 무 엽 , 막 원 태 양 편

원망은 당신을 망하게 하거나, 망신을 당하게 만든다. 원망을 하면 할수록 다른 사람들은 당신을 무례하게 대할 것이다. 또한 다른 사람들은 당신이 원망하는 대로 행동할 것이다. 비가 옴을 원망해 봐야 비는 멈추지 않는다. 비에 대비하여 우산을 챙기지 못한 자신을 탓해야 할 뿐, 원망에 좋은 결과란 존재하지 않는다.

＊ 스스로 자, 한(한탄) 한, 가지 지, 없을 무, 잎 엽 / 없을 막, 원망할 원, 클 태, 볕 양, 치우칠 편

자식에게 물려줄 건 금이 아니라
금을 제조하는 방법이다

"망하는 집의 자식은 금을 흙 뿌리듯이 하고,
가난한 집의 자식은 흙을 쌓아 금을 만든다."

敗家子弟揮金如土, 貧家子弟積土成金。
패 가 자 제 휘 금 여 토 , 빈 가 자 제 적 토 성 금

재물을 많이 모으는 것보다 자식을 제대로 가르치는 것이 더 중요하다. 자식에게 금수저를 물려주고 싶은 부모 마음은 매한가지다. 허나 그런 마음이 앞서다 보면 정작 중요한 걸 자식에게 가르치지 못하게 된다. 진정 자식에게 물려주어야 할 것은 금이 아니라, 어떤 금도 스스로 만들어 낼 수 있다는 자신감과 믿음을 키워주는 것이다. 그리고 그런 자신을 믿고 응원해 주는 사람이 있다는 확신이다.

＊ 패할 패, 집 가, 아들 자, 아우 제, 휘두를 휘, 쇠 금, 같을 여, 흙 토 / 가난할 빈, 집 가, 아들 자, 아우 제, 쌓을 적, 흙 토, 이룰 성, 쇠 금

부지런히 씨를 뿌려야 풍년이 든다

"일 년의 계획은 봄에 있고, 하루의 계획은 아침에 있다.
한 집의 계획은 화목에 있고, 일생의 계획은 부지런함에 있다."

一年之計在于春, 一日之計在于晨。
일 년 지 계 재 우 춘 , 일 일 지 계 재 우 신

一家之計在于和, 一生之計在于勤。
일 가 지 계 재 우 화 , 일 생 지 계 재 우 근

겨울이 따뜻하다면 봄부터 열심히 장작을 준비해 둔 덕분이고, 노년에 평안하다면 젊을 때 땀 흘리며 고생한 덕분이다. 잘 살고 싶다면 지금 부지런히 움직이고, 지금의 노력에 수확이 없다 하더라도 실망하지 마라. 반드시 인과에 따른 응보는 오기 마련이고, 뜻하지 않은 때에 결실을 얻을 날이 올 것이다.

---

* 한 일, 해 년, 갈 지, 셀 계, 있을 재, 어조사 우, 봄 춘 / 한 일, 날 일, 갈 지, 셀 계, 있을 재, 어조사 우, 새벽 신 / 한 일, 집 가, 갈 지, 셀 계, 있을 재, 어조사 우, 화할 화 / 한 일, 날 생, 갈 지, 셀 계, 있을 재, 어조사 우, 부지런할 근

타인을 대하는
우리의 자세

"남을 책망하는 마음으로 자신을 책망하고,
자신을 용서하는 마음으로 남을 용서하라."

責人之心責己, 恕己之心恕人。
책 인 지 심 책 기 , 서 기 지 심 서 인

− 之 : 무엇에 '영향을 미치다'의 의미도 있지만 어조사로 사용될 때가 많다. −

옛날 프로메테우스가 인간을 처음 창조했을 때, 프로메테우스는 인간
들에게 두 개의 주머니를 만들어 주었다고 한다. 둘 중 앞에 매단 주머
니에는 타인의 단점을 넣었고, 뒤에 매단 나머지 주머니에는 자신의 단
점을 넣어 주었다. 그래서 인간들은 타인의 단점은 금방 발견하면서도
자기 자신의 단점은 잘 보지 못하게 되었다고 한다.

* 꾸짖을 책, 사람 인, 갈 지, 마음 심, 꾸짖을 책, 몸 기 / 용서할 서, 몸 기, 갈 지, 마음 심, 용서할 서,
  사람 인

마음의 중심을 세워야
흔들리지 않는다

"입을 물병 막듯이 지키고,
마음을 성처럼 방비하라."

守口如瓶, 防意如城。
수 구 여 병 , 방 의 여 성

– 물병을 막을 때는 새지 않도록 확실히 막아야 한다. 조금이라도 틈이 있으면 물은 쉽게 새어버린다. 말도 마찬가지이다. 하지 않아야 할 말은 사소한 말이라도 할 필요가 없다. –

입에서 나오는 비밀을 함부로 말하는 것은 도적에게 문을 열어주는 것과 같다. 정신과 생각에 중심을 갖지 못하면 집안에 도둑이 든 것이나 마찬가지다. 주인인 본심이 정신을 차리고 또렷이 깨어 입을 지키고, 굳건히 자리를 잡고 있으면 모름지기 이러한 적들도 쉽사리 넘볼 수 없을 것이다.

＊ 지킬 수, 입 구, 같을 여, 병 병 / 막을 방, 뜻 의, 같을 여, 성(재) 성

남을 속이면
불안하기 마련이다

"남이 나를 배신할지언정,
절대로 남을 배신하지 말라."

寧可人負我, 切莫我負人。
녕 가 인 부 아 , 절 막 아 부 인

– 負 : '덮어씌우다'는 뜻이 있다. 나에게 잘잘못을 들먹이며 몰아세우는 건 발전적인 관계를
해치는 행위이다. 등을 돌리는 것만이 배신은 아니다. –

속은 자는 분할지언정 불안하지는 않다. 하지만 속인 자는 언제나 불
안하다. 차라리 속더라도 편하게 하루하루를 보내는 것이 낫다. 누군가
를 속여 이익을 취한 이는 마음에 부담이 생길 수밖에 없다. 손해를 볼
지언정 선의에 머물러라. 멀리 보면 오히려 그것이 이득이다.

＊ 편안할 녕, 옳을 가, 사람 인, 질 부, 나 아 / 끊을 절, 없을 막, 나 아, 질 부, 사람 인

선의의 선택은 좋은 결과를 따라오게 만든다

"무슨 일에도 세 번 신중히 생각하되,
마음을 속이지 않는 것이 그 첫째이다."

再三須愼意, 第一莫欺心。
재 삼 수 신 의 , 제 일 막 기 심

우리는 늘 선택을 하며 살아간다. 그리고 일이 뜻대로 되지 않을 때면 어떤 선택으로 지금의 상황을 바꾸고 싶어 한다. 그것이 좋은 결과를 내기도 하지만 상황을 악화시키기도 하고, 일이 잘못될 것 같은 두려움에 주저하다가 무엇을 고를 기회 자체를 날려버리는 경우도 있다. 무슨 일이든 선택을 할 때는 신중을 기해야 한다. 그리고 그 선택에는 사욕이 아닌 선의가 우선시되어야 한다. 근본이 옳은 일은 원하지 않는 결과를 가져온다 하더라도 전화위복으로 돌아오는 법이니 말이다.

* 두 재, 석 삼, 모름지기 수, 삼갈 신, 뜻 의 / 차례 제, 한 일, 없을 막, 속일 기, 마음 심

누군가에게 품은 독은
결국 나를 향한다

"호랑이의 몸은 가까이 할 수 있으나,
사람의 독함은 가까이 할 수 없다."

虎身猶可近, 人毒不堪親。
호 신 유 가 근 , 인 독 불 감 친

독을 품은 사람은 무섭다. 뉴스나 영화를 보면서 '사람으로서 어떻게 저런 짓을 할 수 있지?'란 생각이 들 만큼 끔찍한 행동을 하기도 한다. 누군가를 위해 무한한 희생을 할 수 있는 것도 사람이지만, 누군가에 대한 분노로 상상 이상의 잔인한 행동을 하는 것도 사람이다. 그러나 누군가를 향해 독을 품는다는 건 결국 자기 자신을 해치는 행위일 뿐이다. 타인을 향한 독을 품기 위해서는 자신이 독을 삼켜야만 하니 말이다.

＊ 범 호, 몸 신, 오히려 유, 옳을 가, 가까울 근 / 사람 인, 독 독, 아닐 불, 견딜 감, 친할 친

험담하는 사람을 가까이 두면
언젠가 나를 헐뜯고 다닌다

"옳고 그름을 가려내려는 자가,
바로 시비를 일으키는 사람이다."

來說是非者, 便是是非人。
래 설 시 비 자 , 편 시 시 비 인

― 시비(是非) 앞에 '시(是)'가 붙어 옳다는 의미보다 '옳음을 인정하다'로 접근하는 게 문맥상 적절하다. 시비를 가리는 자가 '시비를 일으켰다는 사실을 인정하다'로 풀어 생각하면 된다. ―

　　누군가의 안 좋은 얘기를 꺼내는 사람을 가까이 두지 마라. 누군가의 비난을 서슴없이 하는 자는 다른 사람에게 나의 얘기도 그렇게 할 수 있는 자이다. 또한 듣고 이해하는 것만으로도 비난에 동조하는 것이 되니, 처음부터 듣지도 말고 가까이 하지 않는 것이 현명하다. 누군가의 험담을 하는 자, 그 사람을 가장 먼저 멀리해야 한다.

＊ 올 래, 말씀 설, 옳을 시, 아닐 비, 놈 자 / 편할 편, 옳을 시, 옳을 시, 아닐 비, 사람 인

진실한 자는
가난하지 않다

"분수를 따르면 가난은 한때이고,
본래 분수의 마지막은 가난하지 않다."

安分貧一時, 本分終不貧。
안 분 빈 일 시 , 본 분 종 불 빈

지긋지긋한 가난에서 벗어나고 싶어 도의적으로나 법적으로 어긋난 일인걸 알면서도 검은 유혹에 빠지는 이들이 있다. 그렇게 해서 부를 누린다 한들, 이것이 진정한 부일까? 그것은 그저 하루아침에 사라질 신기루일 뿐이다. 단순히 재물만을 좇다 모든 걸 잃어버린 뒤, 그제야 재물이 아닌 더 중요한 것을 발견하고 어리석었던 자신을 자책하게 될지도 모를 일이다. 정도를 지켜 차곡차곡 부를 쌓아올린 자의 마지막은 평온할 테지만, 신기루를 좇은 자의 마지막은 비극으로 끝날 것이다.

＊ 편안 안, 나눌 분, 가난할 빈, 한 일, 때 시 / 근본 본, 나눌 분, 마칠 종, 아닐 불, 가난할 빈

참된 우정은
하직할 때 알게 된다

"술이 있고 고기가 많을 때 많은 형제가 있어도,
위급할 때 나서는 이가 한 명이라도 있던가?"

有酒有肉多兄弟, 急難何曾見一人?
유 주 유 육 다 형 제 , 급 난 하 증 견 일 인

중국 한나라 때 적공이라는 사람이 있었다. 그가 관리로 있을 때, 그의 집 마당에는 언제나 사람들로 발 디딜 틈이 없었다. 그러다 적공이 관직을 그만두자 그렇게 들끓던 사람들이 자취도 없이 사라지고, 어느 누구 하나 그를 거들떠보지도 않았다. 몇 년이 흘러 적공이 다시 그 관직에 오르자 수많은 사람이 그를 찾아와 만나 주기를 간청했지만 적공은 자신의 대문에 이렇게 글을 써서 붙여 놓고 아무도 만나지 않았다.

'생사의 갈림길에서 비로소 사람들의 인정을 알았고, 부귀와 빈곤 속에서 사람들의 대하는 태도를 알았으며, 귀천을 거듭하면서 사람들의 참된 우정이 무엇인지 알았다.'

---

* 있을 유, 술 주, 있을 유, 고기 육, 많을 다, 형 형, 아우 제 / 급할 급, 어려울 난, 어찌 하, 일찍 증, 볼 견, 한 일, 사람 인

나에게 일어난 일의 원인 제공자는 바로 나이다

"부와 귀는 하늘과 땅 때문에 주어지는 것이 아니고,
화와 복은 귀신이나 신령으로 인해 생기는 것이 아니다."

富貴非關天地, 禍福不是鬼神。
부 귀 비 관 천 지 , 화 복 불 시 귀 신

– 是 : '옳다'의 확장 의미인 '다스리다'로 쓰였다. –

모든 것은 그냥 주어지는 것이 없다. 모든 행복과 행운은 언젠가 뿌려둔 선의와 노력이고, 모든 불행과 불운은 스스로 자초한 행동과 마음의 인과응보일 뿐이다. 내게 일어나는 모든 일은 스스로가 불러들인 일인 것이다. 기적이라 여긴 일도, 불시의 사고도 마찬가지다. 그러니 어떤 일이 일어나든 누구도 무엇도 탓하지 말고 그저 자신을 되돌아보고 재점검하라.

＊ 부유할 부, 귀할 귀, 아닐 비, 관계할 관, 하늘 천, 땅 지 / 재앙 화, 복 복, 아닐 불, 옳을 시, 귀신 귀, 귀신 신

건강한 것보다
감사한 일은 없다

"산속에는 천 년 묵은 나무가 있어도,
세상에는 백 세 된 노인을 만나기 어렵다."

山中自有千年樹, 世上難逢百歲人。
산 중 자 유 천 년 수 , 세 상 난 봉 백 세 인

수많은 사건사고가 일어나고, 많은 이들이 질병으로 사망하고 있는 오늘을 그저 아무 일 없이 건강하게 살아오고 있단 것만으로 이 얼마나 감사하고 축복받은 일인가. 고개만 돌려봐도 젊은 나이에 요절한 사람이 있고, 장례식장에는 오늘도 슬픈 곡소리가 퍼져 나오고 있다. 그저 살아 있음에 감사하고, 감사한 마음으로 최선을 다해 오늘 하루를 살아가자. 오늘은 어제 죽은 이가 그토록 바라던 내일이니까.

* 메 산, 가운데 중, 스스로 자, 있을 유, 일천 천, 해 년, 나무 수 / 인간 세, 윗 상, 어려울 난, 만날 봉, 일백 백, 해 세, 사람 인

할 수 있는 일을
해야 한다

"힘이 약하면 무거운 것을 지지 말고,
말이 가벼우면 남에게 조언하지 마라."

力微休負重, 言輕莫勸人。
역 미 휴 부 중 , 언 경 막 권 인

어떤 일에 나서려 하거든 자신의 역량을 가늠해 보고 충분히 소화할 수 있는 일에만 나서도록 하라. 괜히 나섰다가 책임지지 못하면 신뢰만 잃게 되고, 주제도 모르고 나선다는 소리를 듣게 된다. 누구도 자신이 할 수 없는 일을 해 주기를 바라지 않는다. 그저 자신이 할 수 있는 선에서 최선을 다해 일을 한다면 그것으로 충분하다. 보는 눈 때문에, 자존심 때문에 자신이 책임질 수 있는 일보다 더 많은 일을 맡아서는 안 될 일이다.

---

* 힘 역, 작을 미, 쉴 휴, 질 부, 무거울 중 / 말씀 언, 가벼울 경, 없을 막, 권할 권, 사람 인

죽고 난 뒤 남는 건 이름뿐이다

"사람은 지나가면 이름을 남기고,
기러기는 지나가면 소리를 남긴다."

人過留名, 雁過留聲。
인 과 류 명 , 안 과 류 성

호랑이는 죽어서 가죽을 남기고, 사람은 죽어서 이름을 남긴다는 우리나라 속담과 일맥상통하는 말이다. 사람은 언젠가 죽는다. 이것은 불변의 진리로 부자든 빈자든 죽음 앞에서는 평등하다. 사람은 살아가는 동안 자신의 이름을 어디에 둘 것인지 고려해야 한다. 그저 살아있는 동안 부자이기를 바라거나, 권력에 취해 있는 것이 아니라, 내가 죽고 난 뒤 내 이름이 어떻게 평가될지를 항상 생각하면서 선택하고 판단해야 한다.

＊ 사람 인, 지날 과, 머무를 류, 이름 명 / 기러기 안, 지날 과, 머무를 류, 소리 성

찡그리지 않으면
찡그릴 일은 생기지 않는다

"평생 미간을 찌푸리는 일을 하지 않으면,
세상에 미워하는 사람이 없다."

平生不做皺眉事, 世上應無切齒人。
평 생 불 주 추 미 사 , 세 상 응 무 절 치 인

누군가의 마음을 아프게 하거나 분하게 만들지 않으면 아무도 당신에게 원망을 품지 않는다. 이것은 누구나 알고 있어서 사회에서 만난 누군가를 굳이 불쾌하게 만들거나 예의 없게 행동하지 않는 것이 사회생활의 에티켓이다. 그러나 아이러니하게도 밖에서는 호인처럼 굴면서 쌓인 스트레스를 부모나 형제, 친구 등 가까운 사람에게 풀어대는 경우도 있다. 가장 가까운 사람의 마음을 헤아리고, 기분을 상하게 하지 않는 것부터 실천해야 하지 않을까?

* 평평할 평, 날 생, 아닐 불, 지을 주, 주름 추, 눈썹 미, 일 사 / 인간 세, 윗 상, 응할 응, 없을 무, 끊을 절, 이 치, 사람 인

선과 악의 결과는
극명하다

"일은 뿌리에서부터 일어나고,
연잎의 속은 연결되어 있다."

事從根起, 藕葉連心。
사 종 근 기 , 우 엽 련 심

선행은 아무리 베풀어도 그 이로움이 바로 드러나지는 않지만 그것은 마치 풀 속의 동아와 같아서 모르는 사이에 저절로 싹이 터 자라난다. 악행은 아무리 저질러도 그 손해가 바로 드러나지는 않지만 그것은 마치 뜰 앞의 봄눈과도 같아서 반드시 모르는 사이에 녹아 추함이 드러나게 된다.

＊ 일 사, 좇을 종, 뿌리 근, 일어날 기 / 연뿌리 우, 잎 엽, 잇닿을 련, 마음 심

타인을 반면교사 삼아
나를 성장시킨다

"술을 끊고 싶다면,
맑은 정신으로 취한 사람을 보라."

若要斷酒法, 醒眼看醉人。
약 요 단 주 법 , 성 안 간 취 인

– '같을 약(若)'은 '좋다', '요긴할 요(要)'는 '바라다'로 해석되었다. '좋다'는 이상을 추구한다는
뜻으로 금주를 원하는 간절함이 숨어져 있다. –

    자신의 단점을 스스로 알기란 어렵다. 그저 타인을 거울삼아 본인을
되돌아보고 스스로를 점검해야 한다. 누군가에게 옳은 일이 나에게는
그렇지 않을 수 있듯이, 나의 행동을 다른 사람이 보았을 때 어떻게 생
각할지를 염두에 두어야 한다. 그러므로 다른 사람의 잘못된 행동을 교
훈으로 삼아 자신을 반성하고 단점을 고쳐야 할 것이다.

＊같을 약, 요긴할 요, 끊을 단, 술 주, 법 법 / 깰 성, 눈 안, 볼 간, 취할 취, 사람 인

좋은 일과 나쁜 일은
종이 한 장 차이다

"화와 복은 같은 문이고,
이로움과 해로움은 같은 성이다."

禍與福同門, 利與害同城。
화 여 복 동 문 , 이 여 해 동 성

사람의 인생에서 길흉화복은 늘 한 자리에 있지 않고 매일매일 바뀌어 간다. 지금 나를 사랑해 주는 사람 덕분에 행복할지라도 한편 그 사람 때문에 불행함을 느낄 수 있는 것처럼 좋은 일도 한순간 나쁜 일이 될 수 있음을 기억하고 자만해서는 안 될 것이다. 그러므로 좋은 일이 있을 때는 다음을 방비하고, 나쁜 일이 있을 때는 이것을 통해 어떤 것을 배우고 좋은 일을 만들어 낼 수 있을지 생각하자.

＊ 재앙 화, 더불 여, 복 복, 한 가지 동, 문 문 / 이로울 이, 더불 여, 해할 해, 한 가지 동, 성(재) 성

중도의 길을 걸으니
문제 될 일이 없다

"목이 마를 때의 한 방울은 달콤한 이슬과도 같지만,
취한 뒤의 한 잔은 없느니만 못하다."

渴時一滴如甘露, 醉後添杯不如無。
갈 시 일 적 여 감 로 , 취 후 첨 배 불 여 무

– '이슬'은 공기 중의 수증기가 기온이 내려갈 때 생기는 물방울이다. 하지만 '달콤한 이슬'처럼 문학적인 표현을 한 이유는 이슬이 '덧없음'의 상징으로 쓰이기 때문이다. –

과유불급! 과한 것은 모자란 것만 못한 법이다. 세상의 모든 문제는 과해서 생긴다. 욕심이 과하거나, 절제가 과하거나, 말이 과하게 많거나, 침묵이 과해서 문제가 생기는 것이다. 절제하고 중도의 길을 걸을 수만 있다면 무슨 일에도 흔들리지 않고, 큰 문제도 일어나지 않는다.

* 목마를 갈, 때 시, 한 일, 물방울 적, 같을 여, 달 감, 이슬 로 / 취할 취, 뒤 후, 더할 첨, 잔 배, 아닐 불, 같을 여, 없을 무

내 옆에 오래 있는 게
가장 소중한 것이다

"사람이 오래 머물면 대접이 천해지고,
자주 왕래하면 친하던 사람도 소홀해지기 마련이다."

久住令人賤, 頻來親也疏。
구 주 령 인 천 , 빈 래 친 야 소

– 疏 : '멀어지다'로 해석되었다. –

　　오래되었다는 건 하찮다는 의미가 아니고, 익숙하다는 것이 가볍게 여겨도 된다는 의미가 아니다. 오래 두고 익숙해졌다는 것은 그만큼 나에게 잘 맞고, 필요하다는 걸 의미한다. 때론 공기처럼 당연하게 여겨 소중함을 잊고 살지만, 막상 공기가 없어지면 죽는 것처럼 잃게 되면 살아갈 수 없을 만큼 소중하다는 걸 항상 기억하자.

* 오랠 구, 살 주, 하여금 령, 사람 인, 천할 천 / 자주 빈, 올 래, 친할 친, 잇기 야, 소통할 소

계절의 시작

3月

군자는
행동이 앞선다

"술자리에서 말을 하지 않는 것이 진정한 군자이고,
재물에 있어서는 분명해야 대장부이다."

酒中不語真君子, 財上分明大丈夫。
주 중 불 어 진 군 자 , 재 상 분 명 대 장 부

– 上 : '임금', '군주' 그리고 '올리다'의 뜻도 있다. 단순히 돈 관계를 깨끗이 하자는 게 아니라 윗사람과의 금전 관계를 말하기도 한다. 재물을 바칠 때 분명해야 한다는 것은 어떤 의미일까? 뇌물을 단호하게 뿌리치는 일도 대장부의 자격 요건임을 넌지시 드러내고 있다. –

거창한 글을 쓰고 말을 한다고 군자가 아니고, 힘만 세다고 대장부가 아니다. 거창한 문장보다 행동이 군자면 사람들에게 존경을 받는 법이고, 힘자랑하는 것이 아니라 행동이 대장부면 사람들이 대장부라 칭하고 따른다. 모든 칭송은 말이 아닌 행동에서 나오는 것이다.

＊ 술 주, 가운데 중, 아닐 불, 말씀 어, 참 진, 군자(임금) 군, 아들 자 / 재물 재, 윗 상, 나눌 분, 밝을 명, 큰 대, 어른 장, 지아비 부

초심을 잃지 않아야
원하는 방향으로 성장할 수 있다

"처음 집을 나갈 때의 마음으로 하면,
깨달음을 얻고도 남는 것이 있다."

出家如初, 成佛有餘。
출 가 여 초 , 성 불 유 여

초심으로 매일매일을 보낼 수 있다면 산도 옮길 수 있다. 처음의 그 열정과 확신으로 일을 진행한다면 무슨 일이든 잘 해낼 수 있다는 말이다. 하지만 그렇게 하는 것이 어렵다는 걸 누구나 잘 알기에 '작심삼일'이란 말을 한다. 그럼에도 쉽게 해낼 수 없을 것 같은 일을 해내는 사람은 작심삼일을 이겨 냈기 때문에 얻은 결과다. 우리도 처음에 먹은 마음을 잊지 않는다면 어떤 일이든 반드시 이룰 수 있다.

* 날 출, 집 가, 같을 여, 처음 초 / 이룰 성, 부처 불, 있을 유, 남을 여

제대로 이해한 책 한 권은
대충 넘긴 백 권보다 낫다

"많은 돈을 모으는 것보다,
좋은 경전 한 권을 명확하게 이해하는 것이 낫다."

積金千兩, 不如明解經書。
적 금 천 냥 , 불 여 명 해 경 서

공부하는 사람은 정신을 한 곳에 집중해야 한다. 만약 덕을 닦으면서 그 마음을 공과 명예에만 둔다면 분명 높은 경지에 이르지 못할 것이다. 또한 독서를 하면서 읊조리는 풍류나 놀이에만 흥미를 느낀다면 결코 깊은 마음에 이르지 못한다는 것을 명심해야 한다. 하나를 알아도 깊이 있게 아는 것이 지식을 넘어선 지혜가 되는 길이다.

*쌓을 적, 쇠 금, 일천 천, 냥 냥 / 아닐 불, 같을 여, 밝을 명, 풀 해, 글 경, 글 서

누군가 나의 마음을 알아주길 바라는 건 순수한 마음이 아니다

"어찌 다른 사람이 나와 한 뜻이기를 바라겠는가?
단지 나의 마음이 부끄럽지 않기를 바랄 뿐이다."

豈能盡如人意？但求不愧吾心。
기 능 진 여 인 의 ? 단 구 불 괴 오 심

나의 마음을 알아주는 이는 많지 않다. 내가 스스로 희생하고 배려한다 하더라도 그 마음을 인정해 주는 이는 몇이나 될까. 알아주기를 바라는 마음을 갖는다면 그것은 기만이자 교만이다. 좋은 마음으로 일을 했더라도 누군가에게 인정받고 싶은 마음이 들었다면 순수한 마음이라 볼 수 없다. 그저 자기 스스로 만족하고 당연하다고 여기며 행할 때 비로소 진정한 보답을 받게 되는 것이다.

＊ 어찌 기, 능할 능, 다할 진, 같을 여, 사람 인, 뜻 의 / 다만 단, 구할 구, 아닐 불, 부끄러울 괴, 나 오, 마음 심

지혜는 행동할 때
얻어진다

"밭이 있음에도 갈지 않으면 창고가 비게 되고,
책이 있음에도 읽지 않으면 자손이 어리석어진다."

有田不耕倉廩虛, 有書不讀子孫愚。
유 전 불 경 창 름 허 , 유 서 불 독 자 손 우

아무리 좋은 서재에 많은 책을 갖고 있다 하더라도 읽지 않으면, 곡
식을 넣어 두지 않은 빈 창고와 같다. 또한, 책을 많이 읽는다 하더라
도 이를 행하지 않으면 읽지 않은 것만 못하다. 책은 읽기 위해 존재하
는 것이고, 그것을 읽고 행할 때 의미를 가지는 것이다. 농사를 짓지 않
으면 곤궁해지듯이, 책을 통해 얻은 지식과 지혜를 써먹지 않는다면 이
또한 삶을 어렵게 만들 것이다.

* 있을 유, 밭 전, 아닐 불, 밭 갈 경, 곳집 창, 곳집 름, 빌 허 / 있을 유, 글 서, 아닐 불, 읽을 독, 아들
  자, 손자 손, 어리석을 우

나를 돌아보는 사람이
남을 원망할리 없다

"자신의 두레박줄이 짧은 것을 말하지 않고,
오히려 타인의 우물이 깊음을 말한다."

不說自己井繩短, 反說他人箍井深。
불 설 자 기 정 승 단 , 반 설 타 인 고 정 심

— 箍 : '둘레를 메우는 줄' 혹은 그 '둘레'를 가리킨다. 우물의 둘레가 깊다는 건 '크다'로 해석
되며 '단점이 잘 보인다'로 풀어볼 수 있다. —

자신을 반성하는 사람은 자신에게 일어나는 일마다 모두 약과 침이
되고, 남을 원망하는 사람은 하는 생각마다 전부 자신을 해치는 창과
칼이 된다. 하나는 그것으로써 모든 선의 길을 열어 주지만, 다른 하나
는 그것으로써 모든 악의 근원을 이루는 것이니 그 차이는 하늘과 땅만
큼 보다 더 크다 하겠다.

＊ 아닐 불, 말씀 설, 스스로 자, 몸 기, 우물 정, 노끈 승, 짧을 단 / 돌이킬 반, 말씀 설, 다를 타, 사람
인, 테 고, 우물 정, 깊을 심

현인의 말보다
위대한 문장은 없다

"군자가 하는 말을 경청하는 것이,
10년 동안 책을 읽은 것보다 낫다."

聽君一席話, 勝讀十年書。
청 군 일 석 화 , 승 독 십 년 서

'투자의 귀재'인 워렌 버핏과의 한 끼 점심 식사 가격이 40억에 낙찰되어 세계가 놀란 적이 있다. 단지 그와 1시간가량 점심 식사를 함께 하는 것일 뿐인데, 왜 이렇게 높은 가격을 지불한 것일까? 그것은 버핏의 경험으로 알게 된 지혜를 눈앞에서 전해 듣는 것만으로도 상당한 성장을 할 수 있기 때문이다. 마치 농축된 경험의 시간을 섭취하여 받아들이는 것 같이 말이다.

* 들을 청, 군자(임금) 군, 한 일, 자리 석, 말씀 화 / 이길 승, 읽을 독, 열 십, 해 년, 글 서

실패를 배움의 기회라 생각하지 않는다면 동물과 다르지 않다

"사람이 고금을 통해 배우지 아니하면,
말과 소가 옷을 입은 것과 같다."

人不通今古, 馬牛如襟裾。
인 불 통 금 고 , 마 우 여 금 거

　사람이 짐승보다 나은 가장 큰 이유는 사색할 수 있다는 것이다. 과거를 통해 혜안을 가지고 최선의 선택을 하여, 더 나은 결과를 도출해 낼 수 있기에 모든 만물 위에 사람이 있는 것이다. 과거를 보고 배우지 않고 같은 실수를 반복한다면 짐승과 다를 바 없으며, 그보다 어리석은 것도 없다. 그렇기에 지금의 실수나 실패도 배움으로 여기며, 발전해 나가야 한다.

＊ 사람 인, 아닐 불, 통할 통, 이제 금, 옛 고 / 말 마, 소 우, 같을 여, 옷깃 금, 자락 거

쉬운 길만 찾으려는 사람은
대장부가 될 수 없다

"넓은 세상에 사람이야 수없이 많겠지만,
대장부 남자는 몇이나 되는가?"

茫茫四海人無數, 哪個男兒是丈夫?
망 망 사 해 인 무 수 , 나 개 남 아 시 장 부

수많은 사람들 중 한 명으로 남기보다 진정 사람들이 필요로 하는 이가 되어야 한다. 두려움을 용기로 대처하고 나설 수 있는 사람, 모든 일에 진심을 다하는 사람이 되도록 노력하자. 쉬운 길을 택하는 건 누구나 할 수 있다. 여럿 중 그저 그런 한 사람으로 남을 것인가, 내가 아니면 안 되는 유일한 이가 될 것인가? 대장부의 길은 어렵고 험하지만 그러한 길을 기꺼이 갈 수 있는 사람이 되자.

＊아득할 망, 아득할 망, 넉 사, 바다 해, 사람 인, 없을 무, 셈 수 / 어찌 나, 낱 개, 사내 남, 아이 아, 옳을 시, 어른 장, 지아비 부

효도는 평생 해도 부족하다

"거짓으로 효도하지 말라,
눈만 돌리면 너도 부모가 된다."

孝莫假意, 轉眼便爲人父母。
효 막 가 의 , 전 안 편 위 인 부 모

어느 날, 홀로 남은 노모를 모시기 싫었던 부부는 노모를 산에 버리기로 하였다. 그날 밤, 부부는 몰래 노모를 지게에 지고 산을 올랐다. 손자가 이를 발견하고 자신의 부모를 울며 말렸지만, 부모가 듣지 않자 지게를 가지고 산을 내려가면서 말했다.

"아버지와 어머니께서 늙으면 저도 이 지게로 산에 갖다 버리겠습니다!"

이에 부부는 크게 뉘우치고, 노모를 모시고 내려와 평생 효도하며 봉양했다고 한다.

---

* 효도 효, 없을 막, 거짓 가, 뜻 의 / 구를 전, 눈 안, 편할 편, 할 위, 사람 인, 아버지 부, 어머니 모

그 무엇보다
사람이 먼저다

"한 사람의 목숨을 구하는 것이,
칠층탑을 쌓는 것보다 낫다."

救人一命, 勝造七級浮屠。
구 인 일 명 , 승 조 칠 급 부 도

– 여기서 浮屠는 부도(사리탑 또는 승탑)를 나타낸다.–

아무리 많은 재물도 사람 목숨에 비하겠는가. 수많은 재물을 준다 하여도 죽음 앞에는 아무런 소용이 없다. 그러니 돈보다 건강을 먼저 챙길 것이며, 재물보다는 사람을 우선해야 한다. 내가 쌓은 재물은 나를 기억하지 못하지만, 내가 구해 준 사람이나 내 도움을 받은 이들은 나를 추억해 준다.

＊ 구원할 구, 사람 인, 한 일, 목숨 명 / 나을(이길) 승, 지을 조, 일곱 칠, 등급 급, 뜰 부, 죽일 도

시련은 나 혼자만의 고통으로 끝나지 않는다

"성문에 불이 났는데,
재앙이 연못의 물고기까지 미친다."

城門失火, 殃及池魚。
성 문 실 화 , 앙 급 지 어

– '실화(失火)'는 실수로 불을 냈다는 뜻이다. 무심코 던진 돌에 개구리가 맞아 죽지 않도록 조심하라는 뜻이다. –

성문에 화재가 나서 불을 끄기 위해 연못의 물을 퍼가니 그 여파가 물고기에게까지 미친다는 말이다. 문제가 일어나면 당사자만의 문제로 끝나는 것이 아니라, 부모, 형제, 친구, 지인에게까지 영향을 주곤 한다. 그러니 어떤 일이든 나만의 문제가 아니라는 생각으로 신중에 신중을 기울여야 할 것이다.

* 성(재) 성, 문 문, 잃을 실, 불 화 / 재앙 앙, 미칠 급, 못 지, 물고기 어

돈이 많아
불행한 일도 있다

"뜰 앞에 상서로운 풀이 자라니,
좋은 일이 없느니만도 못하다."

庭前生瑞草, 好事不如無。
정 전 생 서 초 , 호 사 불 여 무

뜰 앞에 보물이 생기면 모든 이가 이를 탐내니 재앙의 씨앗이 된다는 뜻이다. 종종 뉴스에서 복권 당첨금으로 가정이 깨지거나, 사랑하던 사이에서 원수가 된다거나 심지어 살인이 일어나는 경우도 보곤 한다. 이처럼 좋은 일은 그저 행운일 수도 있지만, 분란의 씨앗이 되기도 한다. 그러니 좋은 일이 있더라도 그것에 들떠 있지 말고 마음과 행동에 더욱 신경을 써야 한다.

＊뜰 정, 앞 전, 날 생, 상서 서, 풀 초 / 좋을 호, 일 사, 아닐 불, 같을 여, 없을 무

인내심만이 정상에 도달할 수 있게 해 준다

"살아있는 동안 부귀를 누리고 싶다면,
모름지기 죽을힘을 다해야 한다."

欲求生富貴, 須下死工夫。
욕 구 생 부 귀 , 수 하 사 공 부

중국의 '견딜 내(耐)'라는 글자에는 '산에 오르려고 험한 비탈길을 견
뎌 내고 눈길을 걸으려면 위험한 다리를 견뎌 내라'는 뜻이 숨어 있다.
만약 험한 인정과 울퉁불퉁한 세상길을 이 '내(耐)' 자 하나로 지탱해 나
가지 않으면, 가시덤불과 구렁텅이에 빠지지 않을 사람이 과연 몇이나
될까?

정상을 차지하기 위해서는 땀을 흘리고 온몸이 근육통으로 힘든 시
간을 견뎌 내야 한다. 그리고 그 시간들은 분명 어떤 식으로든 당신에게
보답해 줄 것이다.

＊ 하고자 할 욕, 구할 구, 날 생, 부유할 부, 귀할 귀 / 모름지기 수, 아래 하, 죽을 사, 장인 공, 지아비 부

도미노는
방심하는 순간 무너진다

"일을 성사시키는 것에는 백 년의 시간도 부족하나,
일을 망치는 것에는 하루아침이면 충분하다."

百年成之不足, 一旦壞之有餘。
백 년 성 지 부 족 , 일 단 괴 지 유 여

일을 성사시키는 것은 도미노를 쌓는 것과 같다. 하나하나 신중을 다해 쌓아 가더라도 한 순간의 실수로 쌓아 가던 일부 혹은 전체가 무너져 버릴 수 있다. 그렇기에 일이 완전히 끝나기 전까지는 방심하지 말고 집중해야 한다. 일을 성공시키기까지는 숱한 고난이 놓여 있겠지만, 이런 과정을 거쳐 일을 성공적으로 마칠 수 있다면 그 과정에서 자신도 모르는 사이에 많은 성장을 하게 되고, 그만큼 값진 보람도 느낄 수 있게 될 것이다.

---

* 일백 백, 해 년, 이룰 성, 갈 지, 아닐 부, 발 족 / 한 일, 아침 단, 무너질 괴, 갈 지, 있을 유, 남을 여

손익을 계산한 자선은 선의가 아니다

"선을 행하고 보답을 바라지 마라,
그저 고개를 돌려 자식과 손자를 보아라!"

善休望報, 回頭只看汝兒孫!
선 휴 망 보 , 회 두 지 간 여 아 손

― 休 : '휴'는 휴식보다 '멈추다', '중지하다'로 해석되었다. ―

남에게 은혜를 베풀 때 속으로 자신을 보지 않고, 밖으로 상대방을 보지 않는다면 한 말의 곡식도 만 섬의 은혜로 여겨질 것이다. 남에게 이득을 주는 사람이 자기가 베푼 것을 계산하고 상대방에게 받을 것을 따진다면, 비록 천금을 주었을지라도 한 푼의 공덕도 되지 못한다. 실망은 기대에서 비롯되는 것이니, 무언가를 줄 때는 그저 줄 수 있음에 기뻐하고 무엇도 기대하지 말아야 한다.

＊ 착할 선, 쉴 휴, 바랄 망, 갚을 보 / 돌아올 회, 머리 두, 다만 지, 볼 간, 너 여, 아이 아, 손자 손

미꾸라지 한 마리가
물을 흐린다

"선하게 바뀌는 데는 시간이 부족하지만,
악하게 바뀌는 데는 시간이 남아돈다."

善化不足, 惡化有餘。
선 화 부 족 , 악 화 유 여

흐린 물을 맑게 하려면 맑은 물을 끊임없이 부어야 하지만, 맑은 물을
흐리게 만들기 위해서는 한 방울의 검은 물만 있으면 충분하다. 그러니
아주 작은 악이라도 품지 말아야 한다. 티끌 같은 악이라도 마음을 흐리
게 하기에는 충분하고 변해 가는 것도 순식간이다. 그러므로 항상 경계
하고 자신의 마음을 점검해야 한다.

＊착할 선, 될 화, 아닐 부, 발 족 / 악할 악, 될 화, 있을 유, 남을 여

총명한 사람은 급하게 하는 일이 없다

"물이 너무 맑으면 고기가 없고,
사람이 너무 급하면 지혜가 없다."

水至淸則無魚, 人太急則無智。
수 지 청 칙 무 어 , 인 태 급 칙 무 지

– 익히 알려진 말로 '수청무대어(水淸無大魚)'가 있다. 물이 너무 맑으면 큰 물고기가 살 수 없다는 뜻으로 너무 결백하면 사람들이 가까이 하지 않는다는 의미이다. –

급할수록 돌아가라는 말처럼 자신의 태도나 의견을 성급하게 드러내면 상대방은 당신을 가벼운 사람이라고 여기게 된다. 신중한 침묵은 당신의 총명함을 살려줄 것이고, 올바른 판단을 돕는다. 이리저리 생각하는 바를 뒤집는 것만큼 신뢰를 잃기 쉬운 방법도 없으니 급할수록 침묵하고, 정신을 가다듬어라.

＊ 물 수, 이를 지, 맑을 청, 법칙 칙, 없을 무, 물고기 어 / 사람 인, 클 태, 급할 급, 법칙 칙, 없을 무, 지혜 지

말조심하는 게
행복의 비결이다

"입이 열리면 신기가 흩어지고,
혀가 나오면 시비가 발생한다."

口開神氣散, 舌出是非生。
구 개 신 기 산 , 설 출 시 비 생

한 장사꾼이 골목을 돌아다니며 외쳤다.

"행복하게 사는 비결을 팝니다. 어서 모이세요!"

그러자 눈 깜짝할 사이에 많은 사람들이 골목을 메웠다.

"내게 파시오!", "나도 사겠소, 값은 후하게 주겠소!"

여기저기서 다투며 사람들이 서로 자신이 사겠다며 외쳐댔다. 이 모습을 지켜보던 장사꾼은 사람들에게 이렇게 말했다.

"인생을 진실로 참되고 행복하게 사는 비결은 자기 혀를 조심해 쓰는 것이오."

＊입 구, 열 개, 귀신 신, 기운 기, 흩을 산 / 혀 설, 날 출, 옳을 시, 아닐 비, 날 생

현명한 부부는
서로를 존중한다

"어리석은 남자는 아내를 두려워하나,
현명한 아내는 남편을 공경한다."

癡人畏婦, 賢女敬夫。
치 인 외 부 , 현 여 경 부

가화만사성, 가정을 꾸린 사람이라면 누구나 공감할 말이다. 화목한 가정에서는 부부가 서로를 공경하고 존중하며, 어리석은 부부일수록 서로를 무시하고 비난한다. 현명한 남편은 부인을 두려워하는 것이 아니라 존중하고, 현명한 부인은 남편을 무시하는 것이 아니라 공경한다. 그렇게 서로를 위하고 공경의 마음을 가질 때 행복한 가정이 되는 것이다.

＊ 어리석을 치, 사람 인, 두려워할 외, 아내(며느리) 부 / 어질 현, 여자 여, 공경 경, 지아비 부

나쁜 일을
무시하는 것도 지혜이다

"시비는 하루 종일 있지만,
듣지 않으면 자연히 없어진다."

是非終日有, 不聽自然無。
시 비 종 일 유 , 불 청 자 연 무

사람은 관심을 가지는 것일수록 더 눈에 들어오게 되고, 더 들리게 된다. 평소에 보이지 않던 것이라도 관심을 가지고 찾게 되면 유난히 눈에 들어오는 것도 이런 이유에서이다. 관심은 오로지 좋은 쪽으로만 가져야 한다. 굳이 좋지 않은 일에는 관심을 두지 말고 찾지도 않는 것이 좋다. 나쁜 일은 모르는 척 보내고, 좋은 일은 반가이 맞이하라.

* 옳을 시, 아닐 비, 마칠 종, 날 일, 있을 유 / 아닐 불, 들을 청, 스스로 자, 그럴 연, 없을 무

어떻게
살아갈 것인가?

"부족해도 바르게 살지언정,
부유하려 그르게 살아서는 안 된다."

寧可正而不足, 不可邪而有餘。
녕 가 정 이 부 족 , 불 가 사 이 유 여

하늘을 날아가던 학이 작은 농가의 뒷마당에 내려앉아 잠시 쉬고 있
는데 그 모습을 본 닭 한 마리가 학에게 다가와 비웃으며 말했다.

"나는 이렇게 울긋불긋한 깃털로 장식을 하고 있는데, 너는 온통 하
얀 털뿐이로구나."

쉬고 있던 학이 수탉의 비꼬는 소리를 가만히 듣고 있다 이렇게 답했다.

"내 털 색깔은 비록 이렇지만 나는 자유로이 하늘을 날며 별과 달을
마음껏 노래하는데, 너는 고작 모이를 달라고 꼬꼬댁거리며 울기밖에
더하느냐?"

---

* 편안할 녕, 옳을 가, 바를 정, 말 이을 이, 아닐 부, 발 족 / 아닐 불, 옳을 가, 간사할 사, 말 이을 이,
  있을 유, 남을 여

원망할수록
사는 게 비참해진다

"자신의 운이 이르지 않았는데도,
오로지 세상이 어렵다고 원망한다."

自己無運至, 卻怨世界難。
자 기 무 운 지 , 각 원 세 계 난

– 卻 : '각'은 뒤집는다는 의미의 '도리어'로 사용되었다. –

　자신의 일이 잘 풀리지 않을 때 세상을 원망하지만, 그런 세상에서도 누군가는 성공하고 있음을 깨달아야 한다. 분명 같은 세상과 사회에 살고 있는데, 나는 실패했고 누군가는 성공했다는 것은 자신이 성공의 요소를 찾아내지 못했기 때문이다. 세상을 원망한다고 바뀌는 건 아무것도 없다. 일이 풀리지 않았을 때는 자신을 재정비하며 때를 기다려야 한다.

＊스스로 자, 몸 기, 없을 무, 옮길 운, 이를 지 / 물리칠 각, 원망할 원, 인간 세, 지경 계, 어려울 난

사람에 대한 평가는
귀로 하지 말라

"나라를 다스리는데 참언을 믿으면 반드시 충신을 죽이게 되고,
집안을 다스리는데 참언을 믿으면 반드시 친척과 멀어지게 된다."

治國信讒必殺忠臣, 治家信讒必疏其親。
치 국 신 참 필 살 충 신 , 치 가 신 참 필 소 기 친

사람에 대한 평가는 지극히 주관적인 것이기 때문에 나에게 좋은 사
람이라고 해서 반드시 다른 사람에게도 좋은 사람이 되지는 않는다. 그
렇기에 그 사람을 직접 겪어 보지 않고 선입견을 갖거나, 타인이 내린 평
가를 그대로 받아들여서는 안 되는 것이다. 누군가에 대한 험담은 진실
을 가리기 전까지 결코 단정 짓지 않아야 한다. 다른 사람에 대한 평가
도, 무언가에 대한 판단도 스스로 내려야 하는 것이고, 남을 모함하는
말은 특히 잘 가려들어야 한다.

---

* 다스릴 치, 나라 국, 믿을 신, 참소할 참, 반드시 필, 죽일 살, 충성 충, 신하 신 / 다스릴 치, 집 가, 믿
  을 신, 참소할 참, 반드시 필, 멀어질(소통할) 소, 그 기, 친할 친

때를 기다리는 일도 중요하다

"운명에 때가 들어 있다면 결국 그렇게 될 것이니,
운명에 때가 없다면 억지로 강구하지 마라."

命裏有時終須有, 命裏無時莫强求。
명 이 유 시 종 수 유 , 명 이 무 시 막 강 구

씨를 뿌렸다면 씨가 자라날 시간이 필요하다. 심자마자 아무리 물을
주고 햇빛을 비춰준다 하더라도 때가 되지 않으면 씨는 열매를 맺지 않
는다. 충분히 노력했다면 때를 기다려라. 초조한 마음에 조급하게 움직
이지 마라. 제대로 씨앗을 뿌리고 충분히 물을 주었다면 이제 남은 건
믿음으로 기다리는 것뿐이다.

* 목숨 명, 속 이, 있을 유, 때 시, 마칠 종, 모름지기 수, 있을 유 / 목숨 명, 속 이, 없을 무, 때 시, 없을
막, 강할 강, 구할 구

성공의 반은
경청하는 데 있다

"다른 사람의 권고를 들으면,
이미 반은 얻은 것이다."

聽人勸, 得一半。
청 인 권 , 득 일 반

우리에게 익숙한 놀이, 장기의 유래는 중국 초나라와 한나라의 전쟁이다. 항우의 초나라와 유방의 한나라는 통일을 위해 끊임없이 전쟁을 벌였고, 결국 한나라의 승리로 중국은 드디어 통일을 이루게 된다. 훌륭한 장수와 막대한 군사력을 가지고 있던 항우를 패배시키고 통일을 이룬 유방의 가장 큰 장점은 경청이었다. 잘못을 인정하고 타인의 충언을 깊이 새기며, 간언(間言)하는 자를 멀리함으로써 중국 통일의 대업을 이뤄낸 것이다. 아무리 쓴 조언이라도 가슴 깊이 새겨들을 수 있다면 어떤 일에서도 이미 반은 성공한 것이다.

＊ 들을 청, 사람 인, 권할 권 / 얻을 득, 한 일, 반 반

의지 못지않게
환경도 중요하다

"정원에는 봉황이 깃들 대나무를 심고,
연못에는 용이 될 물고기를 길러야 한다."

庭栽棲鳳竹, 池養化龍魚。
정 재 서 봉 죽 , 지 양 화 룡 어

　내 아이가 위인이 되길 바란다면 집에 책을 두어야 하고, 자녀가 운동선수가 되길 바란다면 함께 나가 움직여야 한다. 아무것도 준비하지 않고 그렇게 되기만을 바라서는 무엇도 이루어지지 않는다. 성공한 사람들을 보면 그런 환경이 아님에도 홀로 성공한 경우는 찾아보기 힘들다. 지지해 주는 부모가 있거나, 환경이 조성되었기에 인재로 자랄 수 있는 것이다.

＊뜰 정, 심을 재, 깃들일 서, 봉새 봉, 대 죽 / 못 지, 기를 양, 될 화, 용 룡, 물고기 어

내가 만나는 사람의 위치가
곧 나의 위치이다

"친구를 사귈 때는 자기보다 나은 친구를 사귀어야 하고,
나와 같은 친구를 사귀어서는 없느니만 못하다."

結交須勝己, 似我不如無。
결 교 수 승 기 , 사 아 불 여 무

현재 자신의 위치를 알기 위해서는 평소 가깝게 지내는 5명을 꼽아보
면 알 수 있다. 가장 가깝게 지내는 5명의 평균치가 현재 자신의 위치이
다. 나의 위치를 끌어올리기 위해서는 가까이 지내는 친구나 지인의 수
준을 높여야 한다. 그들로 인해 배우고 성장함으로써 자신도 그들과 비
슷한 수준이 될 수 있는 것이다. 서로 배울 것이 없는 관계라면 무의미한
만남을 반복적으로 가질 뿐이다.

* 맺을 결, 사귈 교, 모름지기 수, 이길 승, 몸 기 / 닮을 사, 나 아, 아닐 불, 같을 여, 없을 무

조금씩이라도
꾸준히 하는 게 좋다

"느린 것은 두렵지 않으나,
멈추는 것이 두려울 뿐이다."

不怕慢, 只怕站。
불 파 만 , 지 파 참

토끼와 거북 이야기에서 승리한 자는 처음부터 빨리 뛰어나간 토끼가
아니라, 느리지만 쉬지 않고 꾸준히 앞으로 나아간 거북이다. 때론 인생
의 길에서 벗어나 주저앉아 울고 싶기도 하고, 모든 걸 포기하고 놓아버
리고 싶다는 마음이 들기도 할 것이다. 그럴 때에는 호흡을 가다듬고 다
시 길 위에 서도록 하자. 끝까지 나아간 사람의 진가는 종착지에서 드러
나는 법이니 말이다.

＊ 아닐 불, 두려워할 파, 느릴(거만할) 만 / 다만 지, 두려워할 파, 우두커니 설 참

내일 일은
누구도 알지 못한다

"사람의 정은 물의 높낮이와 같고,
세상의 일은 구름처럼 변화무쌍하다."

人情似水分高下, 世事如雲任卷舒。
인 정 사 수 분 고 하 , 세 사 여 운 임 권 서

　사람의 마음은 쉽게 변하고, 세상의 길은 가파르고 험난하다. 오늘 사랑했던 사람이 내일은 원수가 되기도 하며, 오늘의 백만장자가 내일은 거리의 부랑자가 되기도 하는 법이다. 그러니 지금 주어진 상황에 한탄할 것도 없으며, 지금 나를 스쳐 지나가는 모든 사람에게 원한을 남겨서도 안 된다. 힘든 곳에서는 한 걸음 물러서는 법을 배워야 하고, 편히 갈 수 있는 곳에서는 남에게 조금 양보하는 공덕을 쌓아야 한다. 그런 하루하루가 모여서 삶이 깊어지고 풍요로워지는 것이다.

＊사람 인, 뜻 정, 닮을 사, 물 수, 나눌 분, 높을 고, 아래 하 / 인간 세, 일 사, 같을 여, 구름 운, 맡길 임, 책 권, 펼 서

삶의 희노애락은
혀가 만든다

"말을 잘하면 그 말이 모두 옳으나,
말을 잘 못하면 이치에 맞는 말이 없다."

會 說 說 都 是, 不 會 說 無 理。
회 설 설 도 시 , 불 회 설 무 리

― 會 : '회'는 '모이다'의 뜻이 일반적이나 '잘하다', '이해하다' 등도 함께 쓰인다. ―

어느 날 선비가 하인에게 시장에 가서 가장 맛있는 음식과 가장 싼
음식을 사오라고 시켰다. 그러자 하인은 소의 혀만을 사서 돌아왔다. 선
비는 하인에게 그 까닭을 물었다.

"너는 내가 가장 맛있는 음식과 가장 싼 음식을 사오라 했는데 어찌
하여 소의 혀만 사온 것이냐?"

그러자 하인은 답했다.

"좋은 것으로 치자면 혀만큼 좋은 것이 없고, 나쁜 것으로 치자면 또
한 혀만큼 값싸고 나쁜 것이 없기 때문이옵니다."

＊ 모일 회, 말씀 설, 말씀 설, 도읍 도, 옳을 시 / 아닐 불, 모일 회, 말씀 설, 없을 무, 다스릴 리

흔들리지 않는 삶

4月

무엇이든
지나쳐서 좋은 건 없다

"칼을 갈면서 칼이 날카로워지지 않음을 원망하나, 날카로운 칼은 손을 다치게 하고, 재물을 모으면서 많이 모이지 않음을 원망하나, 많은 재물은 결국 자신을 해치게 된다."

磨刀恨不利, 刀利傷人指,
마 도 한 불 리 , 도 리 상 인 지
求財恨不多, 財多害自己。
구 재 한 불 다 , 재 다 해 자 기

– 利 : 이롭고 유익하니 도움이 된다는 뜻이다. 날카로워 도움이 되는 건 '무딘 것보다 낫다'
를 뜻한다. –

맛있는 음식도 과하게 먹으면 질리는 것처럼 아무리 좋은 것도 과해지면 좋게 느껴지지 않는다. 적당한 사랑은 애틋하지만 과한 사랑은 집착이 된다. 내가 그토록 바라는 것은 나에게 없어서일까, 아니면 부족하다고 여겨서일까? 무엇인가를 바란다는 것이 나를 위한 것인지, 욕망 때문인지 다시 한 번 스스로에게 질문을 던져 보아야 할 것이다.

＊ 갈 마, 칼 도, 한 한, 아닐 불, 이로울 리 / 칼 도, 이로울 리, 다칠 상, 사람 인, 손가락(가리킬) 지 / 구할 구, 재물 재, 한 한, 아닐 불, 많을 다 / 재물 재, 많을 다, 해할 해, 스스로 자, 몸 기

가진 것에 감사하지 못하면
언제나 불행이 따른다

"족함을 알아 늘 만족하면, 평생 욕될 일이 없고,
멈춤을 알아 늘 알맞게 그치면, 평생 부끄러운 일이 없다."

知足常足, 終身不辱,
지 족 상 족 , 종 신 불 욕
知止常止, 終身不恥。
지 지 상 지 , 종 신 불 치

– 足 : 발이 아닌 '만족하다'의 뜻일 때는 부족, 흡족, 만족도 등 원뜻에서 확장된 단어가 많
다. 사자성어 '안분지족(安分知足)'은 자기 분수에 만족하여 다른 데 눈을 돌리지 않는다는
의미다. 발은 신체의 뿌리이기에 근본을 비유하는 경우가 많다. –

부족하다고 불만을 갖지 않고, 이미 주어진 것에 감사하며 살아야 하
고, 적당한 때에 멈출 줄 알아 과욕을 부리지 말고 살아야 한다. 불행은
주어진 것을 찾지 못할 때 시작되는 것이고, 후회는 멈추지 못할 때 생기
는 것이다.

* 알 지, 발 족, 항상 상, 발 족 / 마칠 종, 몸 신, 아닐 불, 욕될 욕 / 알 지, 그칠 지, 항상 상, 그칠 지 / 마
칠 종, 몸 신, 아닐 불, 부끄러울 치

복을 쌓아
두기만 하면 썩는다

"복이 있으면 재물을 잃지만,
복이 없으면 자신이 상하게 된다."

有福傷財, 無福傷己。
유 복 상 재 , 무 복 상 기

– 傷 : '다치다'. '해치다'의 뜻이 있다. 흔히 손상, 부상 등에 사용되며 터무니없는 말로 남을
헐뜯는다는 사자성어 중상모략(中傷謀略)이 대표적이다. 돈과 엮이면 은유적인 표현이 가능
해진다. 살림이 궁색하여 가난함을 한탄하는 사자성어 상재지탄(傷哉之歎)이 있다. –

　복을 베풀면 재물에 당장 손해가 나지만, 복을 베풀지 않으면 자기 자
신이 상하게 된다는 의미이다. 남을 도왔을 때 재물은 조금 줄어들지 몰
라도 그만큼 기쁨과 만족이 돌아올 것이다. 무엇인가를 베풀 수 있다는
것은 축복 받은 일이다. 자신이 가진 것을 나눌 기회마저 박탈당한 이들
이 얼마나 많은가. 잃었다면 이제 채울 수 있음에 감사하고, 실패했다면
성장하여 더 크게 성공할 가능성을 가질 수 있다.

＊ 있을 유, 복 복, 다칠 상, 재물 재 / 없을 무, 복 복, 다칠 상, 몸 기

티끌을 모아야
태산을 만들 수 있다

"처음에는 털끝의 차이였지만,
훗날 잃은 것은 천 리만큼 벌어져 있다."

差之毫厘, 失之千里。
차 지 호 리 , 실 지 천 리

부를 축적하는 방법은 동전부터 모으는 것이라는 말처럼 남들보다 성공하기 위해서는 아주 작은 노력이라도 조금 더 하는 것이다. 그 미세한 차이가 하루하루 쌓이다 보면 어느새 멀어져 보이지 않을 만큼 격차가 벌어져 있게 된다. 노력이 매일같이 쌓여 성공의 척도를 가리게 되니 '오늘 하루만 더'라는 생각으로 최선을 다해야 할 것이다.

＊ 다를 차, 갈 지, 터럭 호, 다스릴 리 / 잃을 실, 갈 지, 일천 천, 리 리

세상의 모든 일은
한 걸음부터 시작한다

"높은 곳에 오르고 싶다면 반드시 몸을 낮춰야 하고,
먼 곳에 가려 한다면 반드시 가까운 곳으로부터 시작하여야 한다."

若登高必自卑, 若涉遠必自邇。
약 등 고 필 자 비 , 약 섭 원 필 자 이

– 若 : '같다'의 원뜻보다 '만약'이라고 가정하는데 많이 쓰인다. 사람 심리를 묘사한 사자성
어에는 '같다'의 의미가 종종 등장한다. 문 앞이 시장이라는 '문전약시(門前若市)', 입이 급히
흐르는 물과 같다는 '구약현하(口若懸河)' 등이 있다. –

높이 뛰어오르기 위해서는 최대한 몸을 웅크려야 하고, 아무리 먼 길
을 간다 하더라도 지금 눈앞의 한 걸음부터 발을 내디뎌야 한다. 아직
도착할 지점이 너무 멀어 끝이 보이지 않는다 하더라도, 한발 한발 걷다
보면 분명 언젠가는 자신이 그토록 바라던 곳에 도달할 수 있게 된다.

＊ 만약(같을) 약, 오늘 등, 높을 고, 반드시 필, 스스로 자, 낮을 비 / 만약(같을) 약, 건널 섭, 멀 원, 반
  드시 필, 스스로 자, 가까울 이

신중함도 지나치면
독이 된다

"세 번 생각하고 행하였지만,
이제와 보니 두 번만 생각했어도 충분했음이다."

三思而行, 再思可矣。
삼 사 이 행 , 재 사 가 의

신중을 기하는 것은 좋지만 이것이 과해지면 좋은 결과를 낳지 못한
다. 조심할 필요는 있지만 매사에 너무 주의하다 보면 시기를 놓쳐버리
거나 성장이 더디게 된다. 때로는 신중함보다 단호한 결단력이 필요하며,
어느 정도의 위험을 감수하는 것에서 우리는 또 발전하게 된다. 실패를
너무 두려워해 생각 속에서만 머물게 되면, 아무것도 이룰 수 없다. 실패
도 성장의 양분이 되니 때론 과감한 실행이 필요한 법이다.

* 석 삼, 생각 사, 말 이을 이, 행할(다닐) 행 / 두 재, 생각 사, 옳을 가, 어조사 의

상대방을 믿지 못한다면
모든 것을 혼자 해야 한다

"남에게 시키는 것보다 몸소 하는 것이 더 낫고,
사람을 찾는 것보다 자기 자신을 구하는 것이 더 낫다."

動口不如親爲, 求人不如求己.
동 구 불 여 친 위 , 구 인 불 여 구 기

요즘은 협업을 강조하는 시대다. 각자 잘할 수 있는 분야에 최선을 다
하고 서로 필요한 능력을 협업하여 시너지 효과를 낼 수 있는 네트워크
관계를 중요시 여긴다. 누군가와 함께 일을 해야 한다면 상대방을 믿고
맡기는 것이 좋다. 각자의 파트가 있음에도 믿고 맡기지 못하고 잔소리
를 한다면 그냥 모든 것을 습득하여 혼자 하는 것이 편하다. 상대방의
능력을 인정해 주고 믿음으로 일을 맡길 때 상대방은 그에 보답하는 결
과를 내게 될 것이다.

* 움직일 동, 입 구, 아닐 불, 같을 여, 친할 친, 할 위 / 구할 구, 사람 인, 아닐 불, 같을 여, 구할 구, 몸 기

적당히 먹어야
속이 편하다

"재물을 질투하되 음식을 질투하지는 말고,
살아있을 때는 원망하더라도 죽었을 때는 원망하지 마라."

嫉財莫嫉食, 怨生莫怨死。
질 재 막 질 식 , 원 생 막 원 사

필요한 것보다 더 많은 것을 원하지도 원망하지도 마라. 배가 불러도
남 주기가 아까워 과식을 하고 소화제를 찾는 어리석은 행위를 멈춰야
한다. 마크 트웨인은 '인간은 천성적으로 필요한 것보다 더 많은 것을 바
란다'고 했다. 무엇이든 과해지면 문제가 생기는 법이다. 과해지는 순간,
그것은 자신을 해치기 시작한다.

* 미워할 질, 재물 재, 없을 막, 미워할 질, 밥 식 / 원망할 원, 날 생, 없을 막, 원망할 원, 죽을 사

살아있다는 사실 자체가
무한한 영광이다

"사람들은 흰 머리 나는 것을 싫어하지만, 나는 흰 머리를 보고 기뻐한다. 생각해 보면 얼마나 많은 젊은 사람들이 흰 머리가 나기도 전에 죽었던가?"

人見白頭嗔, 我見白頭喜。
인 견 백 두 진 , 아 견 백 두 희
多少少年郞, 不到白頭死。
다 소 소 년 랑 , 불 도 백 두 사

우리에게 주어진 모든 것에 당연한 것은 없다. 그럼에도 주어진 것에 감사하기보다는 잃은 것에만 집중하고 원망한다. 아침에 눈을 뜰 수 있음에 감사하기보다 일찍 일어나야 함에 짜증을 내거나, 일할 수 있는 건강이 주어진 것에 감사하기보다 매일 출퇴근하는 반복적인 삶을 원망한다. 눈을 떠 자신의 주위를 가만히 돌아보라. 얼마나 많은 감사한 일들을 모른 채 살아가고 있었는지 그제야 깨닫게 될 것이다.

＊ 사람 인, 볼 견, 흰 백, 머리 두, 성낼 진 / 나 아, 볼 견, 흰 백, 머리 두, 기쁠 희 / 많을 다, 적을 소, 적을 소, 해 년, 사내 랑 / 아닐 불, 이를 도, 흰 백, 머리 두, 죽을 사

셋이 나눈 비밀을 지키려면
둘이 죽어야 한다

"담장에는 틈이 있고,
벽에는 귀가 있다."

牆有縫, 壁有耳。
장 유 봉 , 벽 유 이

어떤 일도 평생 비밀로 묻히지 않는다. 아무리 숨기고 은폐시키려 해도 결국 드러나게 된다. 그러니 어떤 일을 하던지 진실 되게 하고, 마음을 다해야 한다. 외부의 눈만 의식해 행동하는 것이 아니라, 내 마음 속 양심이라는 감시 카메라에 스스로 떳떳하게 살아야 하는 것이다. 누구와 어디서 무엇을 하든 스스로에게 부끄럽지 않도록 말이다.

* 담 장, 있을 유, 꿰맬 봉 / 벽 벽, 있을 유, 귀 이

나쁜 일이 생겼다는 건
곧 좋은 일이 생긴다는 말이기도 하다

"좋은 일은 문 밖에도 나가지 않지만,
나쁜 일은 천 리 밖으로 전해진다."

好事不出門, 壞事傳千里。
호 사 불 출 문 , 괴 사 전 천 리

좋은 일이 알려지지 않음을 아쉬워하지 말고, 굳이 드러내 알리려고
할 필요도 없다. 좋은 일은 그저 숨죽이며 그대를 위해 그 자리에서 싹
을 틔우고 있다. 누군가가 알아주지 않아도 천천히 자라나 때에 이르면
그대에게 달콤한 열매를 선사해 줄 것이다. 나쁜 일이 퍼져 나가는 것도
부끄러워하지 마라. 퍼져 나간 나쁜 일은 안에서 곪지 않을 것이다. 나쁜
일은 전화위복의 시발점이 되기도 하니, 부끄러워하지도 두려워할 필요
도 없다.

＊좋을 호, 일 사, 아닐 불, 날 출, 문 문 / 무너질 괴, 일 사, 전할 전, 일천 천, 리 리

내 삶의 중심은
나이다

"부유하게 태어나도 굶어 죽는 사람이 있고,
가난하게 태어나도 출세하는 사람은 있다."

無限朱門生餓莩, 幾多白屋出公卿。
무 한 주 문 생 아 표 , 기 다 백 옥 출 공 경

– '주문(朱門)'은 붉은 칠을 한 문으로 지위가 높은 벼슬아치의 집을 비유한다. '백옥(白屋)'은
초라한 초가집을 말한다. –

아무리 좋은 것도 활용할 줄 모르면 소용없는 것이며, 아무리 나쁜 것
도 신경 쓰지 않고 나아가면 방해되지 않는 법이다. 현재 손에 쥔 것이
없는 것 같지만 자질은 누구에게나 이미 주어져 있다. 모든 것의 중심은
자신일 뿐, 모든 외적인 것은 부가적인 요소밖에 되지 않는다는 것쯤은
누구나 아는 사실이다. 바꿔야 하는 것은 거울이 아니라, 거울에 비치는
자기 자신이다.

* 없을 무, 한할 한, 붉을 주, 문 문, 날 생, 주릴 아, 주려 죽을 표 / 몇 기, 많을 다, 흰 백, 집 옥, 날 출, 공평
  할 공, 벼슬 경

당당한 사람은
감추지 않는다

"남에게 부끄러운 일을 하지 않았다면,
한밤중에 문을 두드려도 놀라지 않는다."

為人不做虧心事, 半夜敲門心不驚。
위 인 불 주 휴 심 사 , 반 야 고 문 심 불 경

– 虧 : '이지러지다'는 한쪽 귀퉁이가 없어져 기울어진 모양을 일컫는 말이다. 기울다 보니 부
족해지고 결국 탄식하게 된다. 더 나아가 '배신', '해를 입히기'로 확장되며 '부끄러운 일'이 그
중 하나다. –

    자신에게 떳떳하다면 무엇에도 당당하다. 부끄러움이 없고 숨김이 없
는 마음 상태인 것이다. 누군가가 아닌, 항상 자신에게 먼저 물어보고 행
동하라. 나는 최선을 다했느냐고, 충분히 당당할 수 있느냐고 말이다. 그
질문에 긍정할 수 있을 때 다른 사람에게도 자신감 있게 다가서는 일이
가능하다.

＊할 위, 사람 인, 아닐 불, 지을 주, 이지러질 휴, 마음 심, 일 사 / 반 반, 밤 야, 두드릴 고, 문 문, 마음
심, 아닐 불, 놀랄 경

누구나 저마다의 재주를 지니고 있다

"도적은 소인이지만,
때론 그 지혜가 군자보다 뛰어나다."

賊是小人, 智過君子。
적 시 소 인 , 지 과 군 자

평소 자기보다 어리석다고 여기는 사람의 말에는 제대로 귀를 기울이지 않는다. 항상 자신이 그보다 현명하다고 생각하기 때문이다. 그러나 아무리 군자라도 산 속에서 살아남는 법은 도적이 더 잘 아는 것처럼 평소 어리석어 보이는 사람일지라도 자신보다 뛰어난 부분이 반드시 있기 마련이다. 자신이 더 낫다고 여겨 귀를 기울이지 않는 것 자체가 부족하다는 것을 반증하는 것이니, 늘 귀를 열고 경청하며 상대를 존중하는 마음을 가져야 한다.

* 도둑 적, 옳을 시, 작을 소, 사람 인 / 지혜 지, 지날 과, 군자(임금) 군, 아들 자

신념과 의지 없이
성공한 사람은 없다

"군자는 곤궁한 처지에도 흔들림이 없지만,
소인이 곤궁해지면 못된 짓을 한다."

君子固窮, 小人窮斯濫矣。
군 자 고 궁 , 소 인 궁 사 람 의

성공하는 사람들은 무엇에도 꺾이지 않는 곧은 신념을 가지고 있다. 확고한 신념이 성공으로까지 나아가게 하는 원동력이 되어 주는 것이다. 신념과 의지가 약한 사람은 갈대처럼 조금의 바람에도 이리저리 흔들리고 가려는 길을 이탈하고 만다. 그러나 성공한 사람은 어떤 장애물이 있더라도 멈추거나 주저앉지 않고, 묵묵히 자신의 길을 갔기 때문에 성공했음을 기억하자.

＊ 군자(임금) 군, 아들 자, 굳을 고, 궁할 궁 / 작을 소, 사람 인, 궁할 궁, 천할 사, 넘칠 람, 어조사 의

만족이
행복의 시작이다

"부유해도 만족을 모르면 근심이 많지만,
가난해도 만족할 줄 알면 스스로 편안하다."

富貴多憂, 貧窮自在。
부 귀 다 우 , 빈 궁 자 재

　아무리 많은 재물을 가졌다 하더라도 만족하는 사람을 이길 수는 없다. 부와 가난의 기준은 지극히 주관적인 것이다. 그리고 부와 행복이 직결되는 것도 절대 아니다. 아무리 부유해도 재산을 더 많이 늘릴 궁리나 재산을 지킬 걱정에 잠을 이루지 못한다면 가난한 것이 낫다. 그저 고요하고 평안함에 머무는 것이 제일가는 즐거움이자 행복이다.

* 부유할 부, 귀할 귀, 많을 다, 근심 우 / 가난할 빈, 궁할 궁, 스스로 자, 있을 재

남 탓하는 사람은
자신이 늘 옳다고 생각한다

"내가 덕이 있다고 여기지 않으면,
상대도 나를 거스르지 않는다."

不以我爲德, 反以我爲仇。
불 이 아 위 덕 , 반 이 아 위 구

– 仇 : '원수'를 가리킨다. 적이다가 동반자가 된 경우도 있지만 대부분 해를 입히려는 사람이
다. 나의 행동 하나를 놓치지 않으려고 들여다보는 게 당연하다. '남' 대신 '적'을 선택한 의미
도 넌지시 드러난다. –

언제나 자신이 부족하다고 여기는 사람은 누군가를 탓하지 않는다.
자신이 늘 옳다고 여기는 사람은 어떤 문제가 일어날 때마다 항상 자신
이 아닌 누군가의 탓으로 돌린다. 그런 사람은 성장할 수가 없다. 그리고
누구에게도 인정받지 못한다. 언제나 자신의 부족함을 돌아보고 자신이
변하려고 할 때 성장하게 되며, 모두가 그를 신뢰하기 시작한다.

---

* 아닐 불, 써 이, 나 아, 할 위, 덕 덕 / 돌이킬 반, 써 이, 나 아, 할 위, 원수 구

불가능을 먼저 생각하면
가능한 게 보이지 않는다

"곧은 가운데에서 살아갈지언정,
굽은 가운데서 구하지 말라."

寧可直中取, 不可曲中求。
녕 가 직 중 취 , 불 가 곡 중 구

― 可 : '옳다'는 의미 대신 '그 쯤', '어느 정도'로 해석되었다. ―

무섭게 타오르는 불길도 끄는 방법이 있고, 집채만한 파도도 막을 수 있는 방법이 있기 마련이다. 무언가를 성취하기까지 어려움이 많고 불가능해 보인다 하더라도, 뜻을 굽히지 말고 끝까지 나아가야 한다. 꽃은 져도 또 피지만, 꺾여버린 꽃은 다시는 피지 못한다.

* 편안할 녕, 옳을 가, 곧을 직, 가운데 중, 가질 취 / 아닐 불, 옳을 가, 굽을 곡, 가운데 중, 구할 구

맺으려는 열매의 씨앗을
뿌려야 한다

"사람이 멀리 보고 생각하지 않으면,
반드시 가까운 시일에 근심이 생긴다."

人無遠慮, 必有近憂。
인 무 원 려 , 필 유 근 우

일을 진행할 때는 눈앞의 것만을 보고 시작해서는 안 된다. 지금 뿌려 둔 씨앗은 반드시 그에 맞는 결과를 내기 마련이니, 훗날 내가 진정 맺고 싶은 열매를 바라보고 일을 진행해야 한다. 눈앞의 이익만을 좇다 보면 큰 목표를 이루기는 어렵다. 그러니 일을 하기에 앞서 내가 가려는 길을 명확히 하고, 당장의 결과는 좋지 않더라도 맺으려는 열매의 씨앗을 뿌리도록 해야 한다.

＊사람 인, 없을 무, 멀 원, 생각할 려 / 반드시 필, 있을 유, 가까울 근, 근심 우

행복한 사람 곁에는
고민을 나누는 사람이 있다

"나를 아는 사람은 내 마음에 근심이 가득하다 하지만,
나를 알지 못하는 사람은 내가 더할 나위 없다고 한다."

知我者謂我心憂, 不知我者謂我何求。
지 아 자 위 아 심 우 , 불 지 아 자 위 아 하 구

내가 벗으로 두는 사람은 나의 허물과 단점마저 감싸 안은 이다. 그러나 나의 부가적인 면만 보고 다가온 사람들은 진정한 나를 알지 못한다. 나의 단점을 알게 되었을 때는 지금처럼 대하지 않을지도 모른다. 말하지 않아도 나의 고민을 알고, 아무 말 없이 그저 함께 있어도 위로가 되는 그런 사람, 그런 벗이 많을수록 행복하고 삶이 든든해진다.

＊ 알 지, 나 아, 놈 자, 이를 위, 나 아, 마음 심, 근심 우 / 아닐 불, 알 지, 나 아, 놈 자, 이를 위, 나 아, 어찌 하, 구할 구

문은
두드려야 열린다

"맑은 날에는 가려 하지 않더니,
비가 오길 기다려 길을 나선다."

晴天不肯去, 直待雨淋頭。
청 천 불 긍 거 , 직 대 우 림 두

― 긍(肯)은 '즐기다'의 뜻이고, 직(直)은 '굳세다', '기울지 아니하다'의 뜻이 있다. 맑은 날 대신 비오는 날을 선택한 이유를 알리려 했다. 즐겁지만 그것에 흔들리지 않는 강직함을 우회적으로 표현하고 있다. ―

기회가 다가왔음에도 주저하여 잡지 못한다면 언젠가는 후회하는 날이 온다. 신중을 기하는 것도 지나치면 문제가 된다. 신중하되 기회가 왔을 때는 행해야 한다. 그리고 행하기로 결정했으면 확고한 신념으로 결코 흔들리지 말고 나아가야 한다. 기회는 행해야 잡을 수 있는 것이며, 행하는 자에게 기회는 또 찾아오는 것이다.

＊갤 청, 하늘 천, 아닐 불, 즐길 긍, 갈 거 / 곧을 직, 기다릴 대, 비 우, 장마 림, 머리 두

지나간 것은
미련을 두지 말라

"이미 일어난 일은 더 이상 말하지 말고,
한 번 쏟아진 물은 거두기 어렵다."

成事莫說, 覆水難收。
성 사 막 설 , 복 수 난 수

　이미 일어난 일에 대해 왈가왈부 한다고 해서 없던 일이 되는 것은 아
니다. 이제 해야 할 일은 이 일을 얼마나 현명하게 잘 대처할지를 생각하
는 것이다. 일어난 일에 대해 불평불만하고 고민해봤자 바뀌는 건 아무
것도 없다. 일이 일어나기 전에 대비하고 사건이 생기지 않게 하는 것이
가장 좋지만, 이미 일어나버렸다면 이제는 최대한 잘 수습하는 것이 최
선임을 받아들여야 한다.

＊ 이룰 성, 일 사, 없을 막, 말씀 설 / 다시 복, 물 수, 어려울 난, 거둘 수

말로 흥한 자
말로 망한다

"시비는 말을 많이 하는 데에서 생기고,
번뇌는 모두 교만하고 우쭐되어서 생긴다."

是非只爲多開口, 煩惱皆因强出頭。
시 비 지 위 다 개 구 , 번 뇌 개 인 강 출 두

말을 많이 할수록 시비가 일어나기 쉽다. 말이 오고갈 때에 오해와 왜곡될 소지가 늘어나기 때문이다. 사람은 모두 각자의 마음과 생각이 있고, 그에 따라 달리 보고 달리 듣는다. 말을 많이 하는 것은 교만한 것이고, 우쭐되고 있다는 것이다. 그리고 그 말은 시비를 불러일으키고, 자신을 번뇌에 빠뜨리게 한다. 그러므로 말을 할 때는 결코 하려는 말 전부를 하지 마라.

＊옳을 시, 아닐 비, 다만 지, 할 위, 많을 다, 열 개, 입 구 / 번거로울 번, 번뇌할 뇌, 다 개, 인할 인, 강할 강, 날 출, 머리 두

감정을 내세우는 사람에게
좋은 일이 생길지 의문이다

"순간의 분함을 참으면,
백 일의 근심을 면한다."

忍得一時之氣, 免得百日之憂。
인 득 일 시 지 기 , 면 득 백 일 지 우

세상을 살다 보면 매일 수많은 일들을 만나게 된다. 즐거운 일도 있지만 때론 화가 나서 견디기 힘든 날도 있기 마련이다. 그럴 때마다 감정적으로 상황을 대처하는 것은 어리석은 일이다. 감성과 이성은 공존하기 어렵기 때문에 감정이 격해질수록 이성과는 먼 행동을 하기 쉽다. 그럴 땐 그저 가슴을 펴고 심호흡 한 번과 자신을 북돋아주는 것으로 순간을 넘기고, 내일을 바라보도록 하자. 괜찮다는 말과 함께 말이다.

＊참을 인, 얻을 득, 한 일, 때 시, 갈 지, 기운 기 / 면할 면, 얻을 득, 일백 백, 날 일, 갈 지, 근심 우

현명한 사람은
양보만으로도 승리할 수 있다

"근래 거북이가 살아가는 법을 배웠다면,
머리를 움츠려야 할 때엔 머리를 움츠린다."

近來學得烏龜法, 得縮頭時且縮頭。
근 래 학 득 오 귀 법 , 득 축 두 시 차 축 두

머리를 숙이는 것은 부끄러운 일이 아니다. 작전상 후퇴라는 말이 있듯
이 필요할 땐 고개를 숙이고 물러날 줄도 알아야 한다. 채 준비되지 않은
상태에서 무리하게 밀어붙이고 맞서려고 하다가는 오히려 큰 역풍을 맞을
수 있다.

우리는 모두 승자가 되고 싶어 하지만, 세상 모든 관계를 경쟁과 승부
로만 본다면 자신을 너무 옭아매게 된다. 때론 양보가 승리로 여겨질 때
도 있으며, 고개를 숙이는 것이 멋있어 보이기도 한다는 걸 기억하자.

＊가까울 근, 올 래, 배울 학, 얻을 득, 검을(까마귀) 오, 거북 귀, 법 법 / 얻을 득, 줄일 축, 머리 두, 때
시, 또 차, 줄일 축, 머리 두

양심이 있는 사람은
법을 두려워하지 않는다

"법을 두려워하면 아침마다 즐겁고,
공적인 일을 속이면 날마다 근심한다."

懼法朝朝樂, 欺公日日憂。
구 법 조 조 락 , 기 공 일 일 우

― 法 : 여기에서의 법은 '진리', '예법' 등으로 이해하면 된다. ―

법률이나 다른 사람들의 시선 때문에 억지로 참고 살아야 하는 건 피곤하고 어렵지만, 스스로의 양심을 지켜 살아가면 매일이 즐겁고 당당하다. 윤동주 시인의 서시에 나오는 '하늘을 우러러 한 점 부끄럼이 없기를'이란 구절처럼 부끄럼 없이 떳떳한 마음으로 살아갈 수 있다면 부유하지 않을지언정 하루하루 감사하고 행복하게는 보낼 수 있다.

＊ 두려워할 구, 법 법. 아침 조, 아침 조, 즐길 락 / 속일 기, 공평할 공, 날 일, 날 일, 근심 우

진한 향기가 나는 꽃이라도
한 철일 뿐이다

"사람은 한 세상을 살고,
초목은 봄 한 철을 산다."

人生一世, 草長一春。
인 생 일 세 , 초 장 일 춘

영원히 살 것처럼 욕심을 부리며 살지만, 화려한 꽃도 한 철밖에 보지 못하듯이 사람의 삶도 그저 한 세상을 살아갈 뿐이다. 과욕으로 살아가는 동안 많은 원망과 원한을 남기지 말고, 죽고 난 뒤에도 많은 사람들이 추억할 수 있는 사람이 되도록 노력해야 할 것이다. 내가 살아간 시간보다 나를 기억하고 추억하는 시간이 훨씬 길 수 있도록 말이다.

＊사람 인, 날 생, 한 일, 인간 세 / 풀 초, 길 장, 한 일, 봄 춘

아쉬움은 나를 자극시키는
활력소이다

"젊을 때는 부지런히 배워야 함을 알지 못하더니,
깨닫고 보니 어느새 흰머리 노인이 되었다."

黑髮不知勤學早, 轉眼便是白頭翁。
흑 발 부 지 근 학 조 , 전 안 편 시 백 두 옹

– 백발(白髮)은 흔히 노인을 가리키지만 흑발을 두고 젊은이라고 늘 비유하진 않는다. 꼭 어린 아이, 청년이 아니라도 배우고자 하는 의지로 접근하면 된다. –

깨달음은 늘 아쉬움을 남긴다. '조금만 더 일찍 알았다면 좋았을 텐데…'라며 말이다. 하지만 깨달은 뒤에는 아쉬워하는 시간조차도 아깝다. 아쉬운 만큼 더욱 노력하고, 나아가는 것이 현명하다. 늦은 것을 만회하고 싶다면 그 아쉬움을 조금이라도 더 달랠 수 있게 그저 나아가는 것에만 집중하자.

＊ 검을 흑, 터럭 발, 아닐 부, 알 지, 부지런할 근, 배울 학, 이를 조 / 구를 전, 눈 안, 편할 편, 옳을 시, 흰 백, 머리 두, 늙은이 옹

좋아하는 것을
경계하라

"술은 현명한 이를 보호하지 않고, 색은 병을 보호하지 않는다.
재물은 친척을 보호하지 않고, 화는 목숨을 보호하지 않는다."

酒不護賢, 色不護病。
주 불 호 현 , 색 불 호 병
財不護親, 氣不護命。
재 불 호 친 , 기 불 호 명

현명한 사람은 술을 경계하고, 병든 사람은 색을 탐할 힘이 없다. 친척을 소중히 여기는 이는 자신의 재물을 서슴없이 내놓으며, 지키려는 자는 순간의 화로 잃으려 하지 않는다. 과한 자는 어리석은 자이며, 탐하는 자는 병든 자이다. 욕심은 서로를 싸우게 하고, 분노는 스스로를 해하게 할 뿐이다. 경계하고 또 경계하여 스스로 시비에 휩싸이지 말 것이며, 자신을 번뇌에 갇히게 하지 말아야 한다.

＊ 술 주, 아닐 불, 도울 호, 어질 현 / 빛 색, 아닐 불, 도울 호, 병 병 / 재물 재, 아닐 불, 도울 호, 친할 친
　/ 기운 기, 아닐 불, 도울 호, 목숨 명

현명한 부모는 자녀가
스스로 일어나도록 응원한다

"자손은 저마다 타고난 복이 있는 법이니,
자손만을 위한 말이나 소가 되지 말라."

兒孫自有兒孫福, 莫爲兒孫作馬牛。
아 손 자 유 아 손 복 , 막 위 아 손 작 마 우

아무리 자식을 위해 많은 것을 남겨 주어도 그것을 스스로 만들어 낼 능력이 없다면 금방 잃게 될 것이다. 또한 아무리 자식을 위해 많은 것을 권하여도 스스로 그것을 받아들일 능력이 없다면 무용지물이다. 부모의 마음에서 조금이라도 더 자식에게 좋은 것을 권하고 주고 싶겠지만, 자식이 스스로 그것의 필요성을 깨닫지 못한다면 무의미한 것이다. 그저 부모는 곁에서 사랑을 전해주고 믿음으로 지켜봐 주는 것이 최선이다.

---

* 아이 아, 손자 손, 스스로 자, 있을 유, 아이 아, 손자 손, 복 복 / 없을 막, 할 위, 아이 아, 손자 손, 지을 작, 말 마, 소 우

소중한 사람들을 생각하며

5月

걱정할수록
문제는 어려워진다

"사람은 백 년을 못 살지만,
늘 천 년의 걱정을 품고 산다."

人生不滿百, 常懷千歲憂。
인 생 불 만 백 , 상 회 천 세 우

– 常 : '떳떳하다'는 뜻이 확장되어 '변함없이 행하다', '일정하다'로 해석되었다. 일상, 통상, 항상 등에 주로 사용되어 '떳떳하다'의 뜻이 가려졌다. 부정적인 의미로 상습에도 활용된다. –

우리는 다양한 걱정으로 안절부절못하면서 괴로워한다. 이럴까 저럴까 확신이 서지 않아 결정을 내리지 못하는 경우도 많다. 그러나 우리가 하는 걱정의 대부분은 아직 일어나지 않은 일이다. 걱정만 하고 있어서는 달라지는 것이 없다. 지금 주어진 것부터 하나씩 해결하고 나아가는 것이 더욱 중요함을 잊지 말자.

＊ 사람 인, 날 생, 아닐 불, 찰 만, 일백 백 / 항상 상, 품을 회, 일천 천, 해 세, 근심 우

가장 소중한 순간은
지금이다

"오늘 아침에 마실 술이 있으면 오늘 아침은 취하고,
내일 걱정은 내일이 오면 한다."

今朝有酒今朝醉, 明日愁來明日憂。
금 조 유 주 금 조 취 , 명 일 수 래 명 일 우

오늘 할 일을 내일로 미루라는 의미가 아니라, 일어나지도 않은 일을 미리 걱정하며 시간을 보내지 말라는 뜻이다. 오늘 주어진 행복은 오늘 충분히 만끽하고, 앞선 걱정을 하느라 지금 주어진 소중한 시간을 헛되이 보내지 말아야 한다. 지금 걱정하는 일은 어쩌면 일어나지 않을 수도, 걱정한 것보다 훨씬 순조롭게 해결될지도 모를 일이다. 그저 지금에 충실히, 그리고 감사히 보내는 것에 집중하자.

* 이제 금, 아침 조, 있을 유, 술 주, 이제 금, 아침 조, 취할 취 / 밝을 명, 날 일, 근심 수, 올 래, 밝을 명, 날 일, 근심 우

문제는 덮어둔다고
사라지는 게 아니다

"길이 험한 곳에서 만나면 피하기가 어렵고,
일이 눈앞에 닥치면 자유롭지 않다."

路逢險處須回避, 事到臨頭不自由。
로 봉 험 처 수 회 피 , 사 도 임 두 불 자 유

눈앞에 닥친 일은 외면한다고 사라지는 것이 아니다. 두렵고 불편한
진실이라도 마주하고 해결 방법을 찾아야 하며, 정면 돌파를 해야 한다.
차라리 꿈이기를, 거짓이기를 바란다고 해도 바뀌는 것은 없다. 눈앞의
문제를 해결하기 위해 어떤 길을 찾아낼 것인지만 집중하여 성장하도록
해야 한다. 지금 일어난 모든 문제는 지난날 나의 행동으로 인한 것이니,
현재 내가 어떻게 대처하느냐에 따라 결과는 충분히 바뀔 수 있다.

* 길 로, 만날 봉, 험할 험, 곳 처, 모름지기 수, 돌아올 회, 피할 피 / 일 사, 이를 도, 임할 임, 머리 두,
아닐 불, 스스로 자, 말미암을 유

근심을 사서 할
필요는 없다

"몸의 병은 약으로 치료할 수 있으나,
마음 속 근심은 술로도 풀지 못한다."

藥能醫假病, 酒不解真愁。
약 능 의 가 병 , 주 불 해 진 수

– 몸의 병을 '가병(假病)' 즉 가짜 병으로 표현했다. 몸이 아픈 건 마음이 다친 것보다 한 단
계 아래라는 뜻이다. –

맹자는 "군자에게 있어 죽을 때까지 지니고 가는 걱정거리는 있을지
몰라도 일시적인 근심은 없다"고 하였다. 근심은 세속적인 것이라 외부
적인 요인으로 인해 생긴 것이기 때문에 근심을 해 봤자 달라질 게 없다
는 말이다. 이어 맹자는 아무리 곤궁한 상황이라 하더라도 자신이 지닌
예를 다하여 신념을 즐겁게 추구한다면 안빈낙도(安貧樂道)의 삶을 살
수 있게 된다는 말을 덧붙였다. 내 머릿속을 채우는 근심거리들을 끌어
안고, 머리를 싸맨다 한들 바뀌는 것은 아무것도 없다. 그저 지금 내가
할 수 있는 것에 집중하고 최선을 다한다면 그것들이 더 이상 근심으로
남지 않게 될 것이다.

* 약 약, 능할 능, 의원 의, 거짓 가, 병 병 / 술 주, 아닐 불, 풀 해, 참 진, 근심 수

사람이 하는 일도
과일처럼 제철이 있다

"오이가 익으면 꼭지가 떨어지고,
물이 흐르면 도랑을 이룬다."

瓜熟蒂落, 水到渠成。
과 숙 체 락 , 수 도 거 성

– 비슷한 성어인 '선부체락(船浮蒂落), 자유기시(自有其時)'는 배가 뜨고 꼭지가 떨어짐은 때
가 있는 법이라는 의미다. –

시기가 무르익고 조건이 갖추어지면 굳이 작위해서 애쓸 것이 없다.
절로 이루어진다. 때가 아닌데 억지로 하려 하면 이루어지기도 어렵고
피곤해질 뿐이다. 모든 일에는 시간이 필요한 법. 빈틈을 기다림으로 채
우면 길이 서서히 보이기 시작한다.

* 오이 과, 익을 숙, 꼭지 체, 떨어질 락 / 물 수, 이를 도, 개천 거, 이룰 성

사람은 앉는 자리에 따라
마음이 다르다

"인정으로는 말 한 필도 보낼 수 있지만,
사고 팔 때는 바늘 하나도 더 주지 않는다."

人情送匹馬, 買賣不饒針。
인 정 송 필 마 , 매 매 불 요 침

사람은 위치에 따라 마음가짐이 달라지고, 마음가짐에 따라 행동도
달라진다. 누군가를 위하는 자리에 있는 사람은 작은 것 하나라도 더 베
풀고 싶은 마음으로 사람을 대하지만, 누군가에게서 이익을 내야 하는
사람은 거래에만 관심이 있다. 그러니 항상 자신의 마음가짐을 점검하
는 것도 중요하지만, 어느 자리에서 어떤 일을 할 것인지도 늘 염두에 두
어야 한다.

* 사람 인, 뜻 정, 보낼 송, 짝 필, 말 마 / 살 매, 팔 매, 아닐 불, 넉넉할 요, 바늘 침

감언이설은
독이 든 술과 같다

"맛있는 밥은 과하게 먹을 수 있지만,
달콤한 말은 과하게 듣고 있기 어렵다."

過頭飯好吃, 過頭話難聽。
과 두 반 호 흘 , 과 두 화 난 청

쓴소리는 듣기 어렵지만 애써 들어야 하고, 달콤한 소리는 기뻐하기보다 경계하는 마음을 가져야 한다. 꿀이 달콤한 이유가 벌을 끌어들이기 위해서인 것처럼, 달콤한 말을 하는 것에는 그럴만한 이유와 바람이 들어 있는 경우가 많다. 그렇기에 달콤한 말일수록 그것에 취하지 않도록 조심해야 한다.

* 지날 과, 머리 두, 밥 반, 좋을 호, 먹을(말 더듬을) 흘 / 지날 과, 머리 두, 말씀 화, 어려울 난, 들을 청

인성을 담으려면
큰 그릇이 필요하다

"깊은 산은 호랑이를 숨겨 주고,
큰 바다는 세상의 모든 물이 모인다."

深山畢竟藏老虎, 大海終須納細流。
심 산 필 경 장 로 호 , 대 해 종 수 납 세 류

나 자신의 그릇이 커 모든 것을 수용하고 받아들인다면 모든 사람이 당신과 함께 하려 할 것이다. 많은 사람들과 함께 하고 싶고, 많은 이들을 거느리고 싶다면 이들을 모두 포용할 만큼의 크고 넓은 인성을 먼저 가져야 한다. 선비는 자신이 따르고 존경할 수 있는 사람에게 목숨을 내놓는 법이니 말이다.

＊ 깊을 심, 메 산, 마칠 필, 마침내 경, 감출 장, 늙을 로, 범 호 / 큰 대, 바다 해, 마칠 종, 모름지기 수, 들일 납, 가늘 세, 흐를 류

클수록 좋은 것은
오직 마음뿐이다

"담이 너무 큰 것은 담이 작은 것만 못하고,
마음이 넓은 것은 집이 넓은 것과 같다."

膽大不如膽小, 心寬甚如屋寬。
담 대 불 여 담 소 , 심 관 심 여 옥 관

주저함은 기회를 놓치게 하지만, 과욕은 화를 부르게 한다. 그러니 어떤 일이든 즉흥적인 것보다 신중한 것이 좋고, 감정적인 것보다 이성적인 것이 낫다. 그러나 사람과의 관계에 있어서 신중을 기하다가 사람을 잃기도 하고, 이성적으로 따지다가 사람을 잃을 때도 있다. 사람을 대할 때는 무엇보다도 그가 가진 마음의 넓이로 대하는 것이 좋다.

* 쓸개 담, 큰 대, 아닐 불, 같을 여, 쓸개 담, 작을 소 / 마음 심, 너그러울 관, 심할 심, 같을 여, 집 옥,
너그러울 관

덕(德)을 쌓고 싶다면
덕을 주면 된다

"받은 은혜가 깊다면 마땅히 먼저 물러나야 하고,
뜻을 이루었다면 물러나 편히 쉬어야 한다."

受恩深處宜先退, 得意濃時便可休。
수 은 심 처 의 선 퇴 , 득 의 농 시 편 가 휴

누군가의 배려를 받았다면 나 역시 배려하는 마음을 가져야 하고, 설사 배려를 받지 못했더라도 먼저 베푸는 마음을 가져야 한다. 이미 충분한 덕을 봤다면 다른 이에게 자리를 양보하고, 또 다른 덕을 바란다면 뒤에서부터 다시 줄을 서서 순서를 기다려야 한다. 그 기회는 내가 다른 이에게 주기도 하지만, 내가 받기도 하는 것이기 때문이다.

* 받을 수, 은혜 은, 깊을 심, 곳 처, 마땅 의, 먼저 선, 물러날 퇴 / 얻을 득, 뜻 의, 짙을 농, 때 시, 편할 편, 옳을 가, 쉴 휴

편견을 가진 사람은
자신이 그렇다는 것을 알지 못한다

"시비가 들어오는 것에 귀를 기울이지 마라,
종전의 은혜가 오히려 원한이 된다."

莫待是非來入耳, 從前恩愛反爲仇。
막 대 시 비 래 입 이 , 종 전 은 애 반 위 구

– 待 : '기다림'의 확장 의미인 '기대다', '의지하다'로 해석되었다. –

　은혜를 입었다면 그저 그 은혜만을 생각하라. 다른 소리에 귀를 기울여 그 은혜를 왜곡시켜서는 안 된다. 감사한 일에 고마워하고, 은혜 받은 일에는 은혜 갚을 일만 생각하면 될 것이다. 시비를 가리는 것은 어디서든 누구에게든 일어나는 일이다. 그런 말이 들릴 때, 그저 의도적으로 귀를 기울이지 않으면 사라지게 될 것이다.

＊없을 막, 기다릴 대, 옳을 시, 아닐 비, 올 래, 들 입, 귀 이 / 좇을 종, 앞 전, 은혜 은, 사랑 애, 돌이킬 반, 할 위, 원수 구

현명한 사람을 옆에 두는 것보다
현명한 일은 없다

"아내가 현명하면 집이 부유하지 않아도 걱정할 필요가 없고,
자손이 있으면 조상의 밭을 받을 필요가 없다."

妻賢何愁家不富, 子孫何須受祖田。
처 현 하 수 가 불 부 , 자 손 하 수 수 조 전

많은 재산을 가졌다 한들 그것을 거느릴 능력이 없다면 결국 잃게 되
는 법이다. 반대로 재산을 잘 운용할 능력이 있다면 지금 가진 것이 없다
하더라도 스스로 만들어 낼 수 있는 것이니 빈곤을 원망할 필요가 없다.
그러므로 현명한 아내를 맞이하여 그와 함께 지혜롭게 아이를 키울 수
있다면 어떤 부귀영화가 부럽겠는가? 어질고 슬기로운 아내를 둔 가정은
이미 세상 어떤 부귀보다 값지고 귀한 것을 얻은 것이나 마찬가지다.

＊ 아내 처, 어질 현, 어찌 하, 근심 수, 집 가, 아닐 불, 부유할 부 / 아들 자, 손자 손, 어찌 하, 모름지기
　수, 받을 수, 할아버지 조, 밭 전

떠난 자리는 더 이상
내 자리가 아니다

"물고기가 있는 곳을 떠나 쉬지 말고,
떠났다면 얕은 여울을 그리워하지 마라."

休別有魚處, 莫戀淺灘頭。
휴 별 유 어 처 , 막 연 천 탄 두

– 別 : '나누다'의 확장으로 '떨어지다', '떠나다'로 사용되었다. 주로 이별, 차별에 사용된다. '특별'처럼 남들과 다르다는 의미로도 해석된다. –

　이미 떠나기로 했다면 미련을 가지지 말고 그 자리를 떠날 것이며, 떠났다면 더 이상 연연하지 마라. 떠나야 함을 알았다면 이미 그 자리는 당신의 것이 아니다. 익숙한 곳을 떠날 때에는 두려움을 이겨내고 낯선 것과 마주할 용기가 필요하다. 그런 용기로 그 자리를 떠났다면 이제 새로운 곳을 개척해 보자.

＊쉴 휴, 나눌 별, 있을 유, 물고기 어, 곳 처 / 없을 막, 그리워할 연, 얕을 천, 여울 탄, 머리 두

가기로 했으면
뒤돌아보지 마라

"가야 할 때는 훌훌 털고 일어나고,
다시 생각하며 미련을 가져 머물지 말라."

去時終須去, 再三留不住。
거 시 종 수 거 , 재 삼 류 부 주

ㅡ 去 : 동작으로서 '간다'의 의미도 있지만 '마음을 털어내다'로 자주 사용된다. 또 지나갔다
는 의미가 있어 '과거'에 사용된다. ㅡ

　멈춰야 할 때를 잘 아는 것만으로도 큰 화를 면할 수 있고, 치욕도 당
하지 않을 수 있다. 모든 사람들이 도박을 경계해야 하는 이유는 미련
으로 멈춰야 할 때를 놓치기 때문이다. 절제할 줄 아는 사람은 어디서든
환영 받고 두려움이 없으나, 멈출 줄 모르는 사람은 어디서든 외면당하
고 항상 자신에게 두려움을 느끼게 된다.

＊ 갈 거, 때 시, 마칠 종, 모름지기 수, 갈 거 / 두 재, 석 삼, 머무를 류, 아닐 부, 살 주

한 번의 인내심은
지혜로운 삶의 초석이 된다

"한 마디를 참고, 한 번의 분함을 삭히고,
한 수를 용서하고, 한 발만 물러서라."

忍一句, 息一怒, 饒一著, 退一步。
인 일 구 , 식 일 노 , 요 일 저 , 퇴 일 보

알제리의 신학자인 성 아우구스티누스는 "인내심은 인생의 동반자"라
고 했다. 초조함에 무작정 달려들거나, 분함에 별안간 역정을 내기보다
는 한 번 더 생각하고, 한 번 더 기다리고, 한 번 더 삼키는 것이 좋은 결
과를 낼 수 있다. 참는 것이 어떨 때는 답답해 보이고, 어리석어 보이지
만, 모든 일에 '한 번 더'의 인내심을 가질 수 있다면 누구에게나 존경 받
을 만한 삶을 살아갈 수 있게 된다.

* 참을 인, 한 일, 글귀 구 / 쉴 식, 한 일, 성낼 노 / 넉넉할 요, 한 일. 나타날 저 / 물러날 퇴, 한 일, 걸
  음 보

쓴소리에
감사할 때가 있다

"살아서는 자신의 혼을 알 수 없고,
죽어서는 자신의 시신을 알 수 없다."

生不認魂, 死不認屍。
생 불 인 혼 , 사 불 인 시

— 영혼은 눈에 보이지 않는 존재이다. 죽어서 볼 수 있는 형상은 실수 뒤 깨달음과 일맥상통
한다. —

지금의 자리에서 현재 자신을 객관적으로 바라보기는 힘들다. 시간이
지난 뒤에야 자신을 되돌아볼 수 있고, 지금의 자리를 떠난 뒤에야 부족
했던 모습을 찾을 수 있다. 그렇기에 자신에게 조언을 하는 사람들을 더
욱 소중하게 여기고, 쓴소리도 경청할 수 있어야 한다. 자신에 대해 알기
를 멈추는 순간, 성장도 멈춘다는 것을 항상 기억해야 한다.

＊ 날 생, 아닐 불, 알 인, 넋 혼 / 죽을 사, 아닐 불, 알 인, 주검 시

인생은 사랑만 하기에도 시간이 부족하다

"부모의 은혜가 아무리 깊어도 결국 이별이 있고,
부부의 의리가 아무리 중해도 결국 헤어짐이 있다."

父母恩深終有別, 夫妻義重也分離。
부 모 은 심 종 유 별 , 부 처 의 중 야 분 리

우리에게 소중한 누구라도 언젠가는 이별을 맞이하게 된다. 그게 부모든 부부든 형제든 언젠가는 이별을 준비해야 하며, 준비할 기회도 갖지 못한 채 이별을 맞이하기도 한다. 너무 가깝기에 소중함을 잊고 지내기 쉽고, 감사함을 외면하지만 그들이 사라진다면 세상이 무너진 것만큼 마음이 아플 것임을 잘 알고 있다. 사랑하며 지내기에도 모지란 시간이다. 이별의 순간 너무 힘들지 않으려면 지금 최선을 다해 사랑하고 아껴야 한다.

* 아비 부, 어미 모, 은혜 은, 깊을 심, 마칠 종, 있을 유, 나눌 별 / 지아비 부, 아내 처, 옳을 의, 무거울 중, 잇기 야, 나눌 분, 떠날 리

둥지가 클수록
새가 많이 날아든다

"인생은 새처럼 같은 숲에서 잠을 자지만,
큰 어려움이 생기면 각자 날아간다."

人生似鳥同林宿, 大難來時各自飛。
인 생 사 조 동 림 숙 , 대 난 래 시 각 자 비

세상 사람 모두가 각자의 삶을 살아가지만, 누구나 가슴 속에 누군가를 담아 두고 살아간다. 자신을 아무런 대가 없이 사랑해 주거나 관심을 보여주는 사람들이 그렇다. 자신도 누군가의 가슴 속에 잊혀지지 않는 사람으로 남기 위해서는 이기적인 마음을 버리고 항상 따뜻한 마음으로 타인을 존중하고 배려하며 살아야 한다. 마음으로 베푼 사람에게 큰일이 생기면 사람들이 제 일처럼 다가와 도우려 하니 말이다.

* 사람 인, 날 생, 닮을 사, 새 조, 한 가지 동, 수풀 림, 잘 숙 / 큰 대, 어려울 난, 올 래, 때 시, 각각 각, 스스로 자, 날 비

폭풍과 맞서는 건
지혜가 아니다

"일이 두려워 참으면 일어나는 일이 없어 아무 일이 없으며,
마음을 평온하고 고요히 하여 속이지 않으면 마음이 편안하다."

怕事忍事不生事自然無事,
파 사 인 사 불 생 사 자 연 무 사
平心靜心不欺心何等放心。
평 심 정 심 불 기 심 하 등 방 심

미국의 목사인 로버트 H. 슐러는 "겨울철에는 절대 나무를 자르지 말
라. 힘거운 상황에 처했을 때 부정적인 결정을 내리지 말라. 침울할 때 중
요한 결정을 내리지 말라. 기다려라. 인내하라. 폭풍은 지나갈 것이다. 그
리고 봄이 올 것이다"고 말했다. 일이 급하다고 두려운 선택을 하지 말아
야 하며, 마음이 평안하지 않다고 속여서는 안 될 일이다.

＊두려워할 파, 일 사, 참을 인, 일 사, 아닐 불, 날 생, 일 사, 스스로 자, 그럴 연, 없을 무, 일 사 / 평평
할 평, 마음 심, 고요할 정, 마음 심, 아닐 불, 속일 기, 마음 심, 어찌 하, 무리 등, 놓을 방, 마음 심

권력의 늪에는
바닥이 없다

"천자 지존도 이치를 뛰어 넘을 수는 없고,
이치에 맞으면 천하가 그 일을 돕는다."

天子至尊不過于理, 在理良心天下通行。
천 자 지 존 불 과 우 리 , 재 리 양 심 천 하 통 행

무소불위의 권력을 지녔던 진시황은 불로불사의 약을 구하기 위해 세계 각지로 사람들을 보냈지만 결국 죽음을 맞이했다. 진시황뿐만이 아니다. 세상에 태어난 인간은 누구나 죽음으로 향하는 존재다. 아무리 높은 위치에 있더라도 피할 수 없는 이치인 것이다. 세상의 이치는 여기에 그치지 않는다. 선함은 좋은 일을 끌어당기고 칼은 칼을 부르기 마련이다. 뿌린 대로 거두는 것이 하늘의 이치이자 자연의 섭리인 것이다.

＊ 하늘 천, 아들 자, 이를 지, 높을 존, 아닐 불, 지날 과, 어조사 우, 다스릴 리 / 있을 재, 다스릴 리, 어질 양, 마음 심, 하늘 천, 아래 하, 통할 통, 다닐 행

선을 행하면
하늘도 감사해한다

"사람이 악하면 사람은 그를 두려워하나 하늘은 두려워하지 않고,
사람이 선하면 사람은 그를 속이지만 하늘은 속이지 않는다."

人惡人怕天不怕, 人善人欺天不欺。
인 악 인 파 천 불 파 , 인 선 인 기 천 불 기

겉보기에는 악인이 잘 사는 것 같고 강해 보이지만, 실상은 선을 지켜
나가는 사람의 삶이 평안하고 진실로 강한 것이다. 사람을 속이고 편법
을 쓰는 건 누구나 할 수 있는 일이다. 허나 무엇에도 진실로 대하고 합
법적으로 일을 해결해 나가는 것은 무척 어려운 일이다. 아무도 알아주
지 않아도 하늘은 선한 자를 알고 그의 공을 잊지 않는다.

＊사람 인, 악할 악, 사람 인, 두려워할 파, 하늘 천, 아닐 불, 두려워할 파 / 사람 인, 착할 선, 사람 인,
　속일 기, 하늘 천, 아닐 불, 속일 기

위선과 거짓은
유통기한이 있다

"선악은 결국 갚음이 있는 법,
단지 빨리 오느냐 늦게 오느냐의 차이만 있을 뿐이다."

善惡到頭終有報, 只盼早到與來遲。
선 악 도 두 종 유 보 , 지 분 조 도 여 래 지

　진심과 진실은 언젠가 전해지고 드러난다. 아직 전해지지 않고 드러나지 않았다면 단지 그 때에 이르지 못했을 뿐이다. 위선과 거짓도 마찬가지다. 위선과 거짓으로 얻어낸 이익과 행복은 아직 그 포장지가 벗겨지지 않았을 뿐이다. 시간이 지나 포장지가 벗겨지면 그 시간만큼 썩어 문드러진 본질이 드러나게 되어 있다. 당연한 결과로 추악함이 드러난 것이므로 안타까워할 이유도, 두려워할 것도 없다.

＊ 착할 선, 악할 악, 이를 도, 머리 두, 마칠 종, 있을 유, 갚을 보 / 다만 지, 날 새려 할 분, 이를 조, 이를 도, 더불어 여, 올 래, 더딜 지

참외는 익었을 때가 맛있고, 꽃은 폈을 때가 예쁘다

"황하도 언젠가는 맑아질 날이 있는데,
어찌 사람에게 행운의 때가 없겠는가?"

黃河尙有澄淸日, 豈能人無得運時?
황 하 상 유 징 청 일 , 기 능 인 무 득 운 시

― 황하는 양쯔강에 이어 중국 제2의 강으로 불린다. 전체 길이 5,464km에 달하며 상류는 비
교적 맑고 하류는 황토가 퇴적되어 황색을 띈다. 특히 하류 지역은 밀, 잡곡을 재배하며 문명
의 발상지가 되었다. 고원에서 많은 퇴적물이 밀려오면 생활에 직접적인 피해를 입는다. 맑은
강을 염원하는 건 예나 지금이나 같다. ―

조건이 갖춰지면 일은 자연히 성사된다. 물은 흘러 스스로 도랑을 이
루고, 참외는 잘 익으면 저절로 꼭지가 떨어진다. 시기가 무르익고 조건
이 갖춰지면 굳이 애쓰지 않아도 절로 이루어지는 법이니 초조해할 필
요는 없다. 누구에게나 때가 있다. 때가 되지 않았는데 억지로 하려 한다
고 이뤄지는 것도 아니고 스스로 지쳐갈 뿐이다.

＊누를 황, 물 하, 오히려 상, 있을 유, 맑을 징, 맑을 청, 날 일 / 어찌 기, 능할 능, 사람 인, 없을 무, 얻
을 득, 옮길 운, 때 시

인생의 보물은
실수와 경험에 있다

"총애를 얻으면 치욕을 생각하고,
편안히 살 때는 위험을 생각한다."

得寵思辱, 居安思危。
득 총 사 욕 , 거 안 사 위

– 생각하다는 뜻의 '思'와 '慮'는 미세한 차이가 있다. 전자는 사상이나 감정, 의사를 표할 때
사용되고 후자는 근심, 걱정, 헤아림으로 해석된다. 여기서 '위험'은 근심, 걱정보다 미래를 위
한 '준비'에 가깝다. 비슷한 표현으로 거안려위(居安慮危)가 있다. –

실수는 사람의 힘으로 막을 수 없지만, 실패는 경험으로 막을 수 있
다. 치욕을 겪은 경험으로 총애를 얻는 시간 동안 대비할 수 있고, 위기
의 순간을 넘어 평안할 때는 위험에 대비할 수 있다. 그렇게 지혜로운 자
는 실수와 경험으로 미래를 대비하는 현명함을 가지는 것이다.

＊얻을 득, 사랑할 총, 생각 사, 욕될 욕 / 살 거, 편안 안, 생각 사, 위태할 위

얼룩진 창문으로 본
세상이 맑을 리 없다

"생각마다 적을 앞에 둔 것처럼 조심하고,
마음마다 다리를 건널 때처럼 조심하라."

念念有如臨敵日, 心心常似過橋時。
념 념 유 여 임 적 일 , 심 심 상 사 과 교 시

우리는 각자 자신만의 눈으로 세상을 바라본다. 자신만의 신념과 감정을 담아 각기 다른 눈을 가지게 되는 것이다. 세상을 어떻게 보느냐에 따라 세상은 좋기도 하고 때로는 그렇지 않기도 할 것이다. 같은 것이라도 다르게 보이는 이 세상을 있는 그대로 보려면 자신의 생각을 지속적으로 되돌아봐야 한다. 편견과 왜곡된 시선으로 시야가 흐려지거나 가려지지는 않았는지 늘 스스로 점검해야 하는 것이다.

* 생각 념, 생각 념, 있을 유, 같을 여, 임할 임, 대적할 적, 날 일 / 마음 심, 마음 심, 떳떳할 상, 닮을 사, 지날 과, 다리 교, 때 시

꽃길만 걸었던 위인은 없다

"영웅의 길은 험난하고,
부귀는 피고 지는 꽃가지와 같다."

英雄行險道, 富貴似花枝。
영 웅 행 험 도 , 부 귀 사 화 지

위인은 누구나 할 수 있는 쉬운 길을 걸어서 될 수 있는 것이 아니다. 누가 보더라도 선택하기 힘든 길, 험난한 길을 포기하지 않고 걸어왔기 때문에 위인으로 인정받는 것이다. 돈을 선택하고, 편안함을 선택하는 건 누구나 그리 할 수 있다. 지금 힘든 길을 가고 있다면 그렇기에 자신이 값어치 있는 것이고, 훗날 보다 화려하게 빛날 것이라 여기자.

---

* 꽃부리 영, 수컷 웅, 다닐 행, 험할 험, 길 도 / 부유할 부, 귀할 귀, 닮을 사, 꽃 화, 가지 지

도전하는 젊은이가
아름답다

"젊음에 봄날의 햇볕처럼 마냥 좋아하고 있지 말고,
가을과 추울 때를 염려하라."

年靑莫道春光好, 只怕秋來有冷時。
연 청 막 도 춘 광 호 , 지 파 추 래 유 냉 시

젊음이 좋다는 건 그만큼 회복력이 뛰어나다는 것에 있다. 힘들거나 상처를 입어도 다시 일어날 수 있는 체력이 있고, 빨리 일어날 수 있다. 그렇기에 다양한 선택과 도전을 할 수 있고, 새로운 무언가를 시작할 수 있다. 하지만 나이가 들수록 회복력이 떨어지기 때문에 새로운 시도를 하기가 두렵고 일어나기까지 시간이 오래 걸린다. 그러니 성공과 실패를 떠나 젊을 때 더 다양한 도전을 해야 한다. 많은 도전으로 인한 경험과 성장이 훗날 노년일 때 어떤 상황에도 대비할 수 있는 무기가 되어줄 것이니 말이다.

＊해 연, 푸를 청, 없을 막, 길 도, 봄 춘, 빛 광, 좋을 호 / 다만 지, 두려워할 파, 가을 추, 올 래, 있을 유, 찰 냉, 때 시

교만은 군자와
거리가 멀다

"좋은 말은 많은 말에 있는 것이 아니고,
이치에 맞는 것은 큰 소리에 있는 것이 아니다."

好話不在多說, 有理不在高聲。
호 화 불 재 다 설 , 유 리 불 재 고 성

아기가 태어나 말을 제대로 하기까지는 2년 정도의 시간이 걸리지만, 침묵과 겸손을 배우는 데에는 60년의 세월도 부족하다. 군자는 누군가 자신을 알아주지 않아도 상처받지 않는다. 또, 자신을 알리지 못해 안달 내거나 교만하지도 않는다. 아는 사람은 말하지 않고, 말하는 사람은 알지 못하는 법이다. 침묵의 가치를 깨우쳐 교만하지 않고 겸손하게 행동하도록 하라.

* 좋을 호, 말씀 화, 아닐 불, 있을 재, 많을 다, 말씀 설 / 있을 유, 다스릴 리, 아닐 불, 있을 재, 높을 고, 소리 성

기억은 기록할 때
비로소 특별해진다

"빠진 부분을 보충하고 내용을 덧붙여
그것을 모으면 책이나 문장이 된다."

補遺增廣, 集成書文。
보 유 증 광 , 집 성 서 문

자신의 생각을 글로 담고, 그것을 정리하여 묶으면 책이 되고, 기록이
된다. 자신의 삶을 통해 겪게 된 모든 것과 알게 된 것은 유일무이한 것이
다. 이 모든 것을 기록하지 않은 채 생을 마감하게 되면 그 삶은 기억을
통해 일시적으로 남을 뿐이다. 우리 모두의 삶은 각자의 가치가 있으며,
그 가치는 기록으로 전할 만하다. 그렇게 기록하고 모아서 자신의 삶과
이름을 남기도록 하자.

＊기울 보, 남길 유, 더할 증, 넓을 광 / 모을 집, 이룰 성, 글 서, 글월 문

아침을 헛되이 보내는 것은
인생을 낭비하는 것이다

"하루의 권한은 아침에 있으니,
바로 명령을 내려 시행하라."

一朝權在手, 便把令來行。
일 조 권 재 수 , 편 파 령 래 행

아침을 일찍 맞이한 자는 하루가 길고 보람차다. 아침을 잃게 되면 하루를 잃는 경우가 많아지니 아침을 헛되이 보내지 말아야 한다. 봄에는 씨앗을 뿌리고 가을에는 추수를 하여 겨울을 따뜻하게 맞이하듯이, 아침부터 일을 열심히 하고 저녁에는 일과를 정리하며 편안한 밤을 보내도록 해야 한다. 그런 하루하루가 쌓여 계절을 보내고 한 해를 보낸다면 어느새 모두가 부러워하고 존경하는 삶을 살게 될 것이다.

＊ 한 일, 아침 조, 권세 권, 있을 재, 손 수 / 편할 편, 잡을 파, 하여금 령, 올 래, 행할(다닐) 행

오지랖과 사교성은
의미가 다르다

"자신과 상관없는 일에는 관여하지 말며,
일이 없을 때는 일찍 돌아가라."

閑事莫管, 無事早歸。
한 사 막 관 , 무 사 조 귀

− 管 : '대롱'은 속이 비고 둥글며 가느다란 나무의 토막을 말한다. 뜬구름만 잡는 사람이나
그러한 일에 깊게 관여하지 말라는 의미다. −

　　자신과 무관한 일에도 참견하고 참여하는 사람을 요즘 말로 오지라퍼
라고 한다. 오지라퍼는 어디서든 환영을 받지도, 인정받지도 못한다. 자
신의 편을 들어줄 때는 환영받지만 내 편이 아닐 때는 괜한 화를 입게 되
니 어디서든 계륵 같은 존재로 취급되곤 한다. 화는 시비를 가리는 곳에
서 나오는 법이니 스스로 시비가 있는 곳을 찾아 문제를 일으키는 어리
석은 자가 되지 말라.

* 한가할 한, 일 사, 없을 막, 주관할(대롱) 관 / 없을 무, 일 사, 이를 조, 돌아갈 귀

모든 것에는 때가 있다

6月

불평론자들이
간혹 도움을 주기도 한다

"비단을 진홍색으로 잘 물들였다 하더라도,
일을 잘 했느니 못 했느니 시비가 있기 마련이다."

假緞染就真紅色, 也被旁人說是非。
가 단 염 취 진 홍 색 , 야 피 방 인 설 시 비

아무리 모두를 위한 일이더라도 불공평하다고 느끼고 불만을 토로하는 사람은 어디에나 있기 마련이다. 그것은 서로의 위치와 환경, 입장이 다르기 때문에 어쩔 수 없는 일이다. 이들의 불평은 옳은 것일 수도 있고, 실제로 피해를 입고 있기에 내놓은 불만일 수도 있다. 그러니 무시하지 말고 이들의 이야기에도 귀 기울여 주어야 한다.

＊ 가령(거짓) 가, 비단 단, 물들 염, 나아갈 취, 참 진, 붉을 홍, 빛 색 / 잇기 야, 입을 피, 곁 방, 사람 인, 말씀 설, 옳을 시, 아닐 비

악행은
거센 파도와 같다

"좋은 일은 얼마든지 할 수 있지만,
나쁜 일은 무슨 일이든 하지 마라."

善事可做, 惡事莫爲。
선 사 가 주 , 악 사 막 위

아무리 사소한 일이라도 그 일이 어떤 결과를 초래할지 모른다. 작은 친절 하나가 어떤 보상이 되어 돌아올지 모르는 법이며, 작은 악행 하나가 큰 파도가 되어 날 집어삼키게 될지 모르는 법이다. 작은 일이든 큰일이든 선행은 할 수 있을 때 하는 것이 좋으며, 사소한 일이든 무거운 일이든 악행은 하지 않는 것이 제일이다.

＊ 착할 선, 일 사, 옳을 가, 지을 주 / 악할 악, 일 사, 없을 막, 할 위

약속은 지킬 때
의미가 있다

"남에게 어떤 물건을 주기로 했다면,
천금으로도 그 약속을 어기지 않는다."

許人一物, 千金不移。
허 인 일 물 , 천 금 불 이

— 許 : '허락'이 확장되어 '약속하다'로 해석되었다. —

무언가를 주기로 했다면 반드시 약속을 지켜야 한다. 또한 이러한 약속을 가볍게 덥석 하지도 말아야 한다. 주기로 한 사람은 그 약속을 쉽게 잊어버리지만 받기로 한 사람은 하루하루 약속한 날이 오기를 기다린다. 시간이 지나도 주려는 기색이 보이지 않으면 더 이상 그를 신뢰하지 않게 될 테니 지키지 못할 약속은 작은 것이라도 절대 하지 말아야 한다.

＊ 허락할 허, 사람 인, 한 일, 물건 물 / 일천 천, 쇠 금, 아닐 불, 옮길 이

자식은
부모의 거울이다

"용은 용을 낳고,
호랑이는 호랑이를 낳는다."

龍生龍子, 虎生虎兒。
용 생 용 자 , 호 생 호 아

세계의 위인들을 보면 하나같이 그들에게는 그들 못지않은 훌륭한 부모나 스승이 있었음을 알 수 있다. 아이가 얼마나 성장할 수 있는지를 알려면 그 아이의 부모를 보면 된다. 그 아이가 용이 되려면 용이 될 수 있는 환경을 조성해 주어야 하고, 호랑이로 성장시키려면 어엿한 호랑이가 되는 법을 알려 주어야 한다. 아이에게 위대한 사람이 될 수 있는 가능성을 심어주는 것이 곧 부모의 역할이다.

＊용 용, 날 생, 용 용, 아들 자 / 범 호, 날 생, 범 호, 아이 아

배울 점이 많은 사람은
나보다 나은 사람이다

"용이 얕은 물에서 놀면 새우에게 놀림을 당할 수 있고,
호랑이가 평원에 떨어지면 개에게 쫓기게 된다."

龍遊淺水遭蝦戲, 虎落平原被犬欺。
용 유 천 수 조 하 희 , 호 락 평 원 피 견 기

― 蝦 : 두꺼비 혹은 새우로 비유된다. 뱀이 웅크리고 있는 모양을 본뜬 한자어다. '물고기 어'
를 접목한 '새우 하(蝦)'도 있다. ―

　자신이 목표로 삼는 길이 있다면 이미 그 길에 있는 이들과 어울려야
하며, 지금보다 더 나아지고 싶다면 배울 것이 많은 사람과 어울려야
한다. '노는 물이 다르다'며 선을 긋는 말까지 있는 실정이지만, 사람이
어떤 무리에 속해 있느냐에 따라 세상의 평가가 달라지기도 한다. 본받
을 것이 많은 사람들과 함께 있다 보면 나 역시 영향을 받아 비슷하게
라도 될 수 있을 것이다.

＊용 용, 놀 유, 얕을 천, 물 수, 만날 조, 새우(두꺼비) 하, 희롱할(놀이) 희 / 범 호, 떨어질 락, 평평할
평, 언덕 원, 입을 피, 개 견, 속일 기

170

문제와 부딪히는 게
빨리 해결할 수 있는 방법이다

"사당을 수리하니 귀신도 늙었고,
저울을 주웠더니 생강이 다 팔렸다."

修起廟來鬼都老, 拾得秤來薑賣完。
수 기 묘 래 귀 도 로 , 습 득 칭 래 강 매 완

어떤 일에 대한 대처가 신속하지 않으면, 그것이 아무런 빛을 발하지 못하게 되어 버린다. 우리나라 속담인 '소 잃고 외양간 고치기'처럼 말이다. 어떤 일이든 일어나기 전에 대비하는 것이 가장 좋으며, 일이 일어났다면 최대한 신속하게 일을 수습하는 것이 좋다. 문제를 외면하지 말고 직접 부딪혀 빠르게 일을 해결하라.

＊ 닦을 수, 일어날 기, 사당 묘, 올 래, 귀신 귀, 도읍 도, 늙을 로 / 주울 습, 얻을 득, 저울 칭, 올 래, 생강 강, 팔 매, 완전할 완

무명 시절 없이
유명해지는 사람은 없다

"십년 동안에 묻는 사람이 없더니,
단번에 이름을 이루니 세상 모두가 알아준다."

十年寒窓無人問, 一擧成名天下知。
십 년 한 창 무 인 문 , 일 거 성 명 천 하 지

방송에서 연예인들의 무명 시절 이야기는 흔한 레퍼토리 중 하나이다. 무명 시절 때의 외로움과 간절함, 궁핍함을 이겨내고 지금 최고의 자리에 오른 스타들의 이야기는 많은 이들에게 동기부여가 되곤 한다. 성공의 자리는 찬란하고 화려하지만 그 자리에 가기까지는 고독하고 힘든 여정을 거쳐야 한다. 지금 그대가 바라보고 있는 그 곳에 올라선 모든 이가 그런 시간이 있었음을 기억하고, 지금의 시간을 이겨 내자.

＊열 십, 해 년, 찰 한, 창 창, 없을 무, 사람 인, 물을 문 / 한 일, 들 거, 이룰 성, 이름 명, 하늘 천, 아래 하, 알 지

지혜로운 사람은
말할 때를 안다

"그 자리에서 논하지 않는다면,
지나간 후로는 어쩔 수 없다."

當場不論, 過後枉然。
당 장 불 논 , 과 후 왕 연

모든 일에는 타이밍이란 것이 있다. 그 때가 아니면 안 되는 것을 의미
한다. 문제가 있고, 그에 대한 이야기를 해야 한다면 반드시 그 자리에서
해야 한다. 그 자리를 벗어나서 다시 그 문제에 대해 언급하는 것은 옳
은 이야기라 하더라도 받아들여지기 어렵다. 혹 그 자리에서 말하지 못
했다면 차라리 참고 삼키는 것이 낫다. 아무리 좋은 의도로 한 말이라
도 제자리가 아니면 왜곡되어버리기 십상이다.

* 마땅 당, 마당 장, 아닐 불, 논할 논 / 지날 과, 뒤 후, 굽을 왕, 그럴 연

미리 우산을 챙겨야
비를 맞지 않는다

"자식을 키워 노후를 대비하고,
재산을 모아 가난을 대비한다."

養兒防老, 積穀防饑。
양 아 방 노 , 절 곡 방 기

중국의 고어나 격언에는 유비무환에 관한 말이 유난히 많은데 이는 역사적으로 전쟁이 많았던 중국의 특수한 환경 때문일 것이다. 우리나라도 역사적으로 보면 유비무환에 대해 크게 깨닫게 되는 사건이 있는데 그것은 바로 임진왜란이다. 전쟁에 대한 대비책이 전혀 없던 상태에서 왜란을 맞이하게 되고 이로 인해 임금부터 백성에 이르기까지 큰 시련을 겪었다. 즐겁고 편안할 때일수록 그렇지 않을 때를 대비하고, 기쁠 때일수록 화를 조심해야 한다.

＊기를 양, 아이 아, 막을 방, 늙을 노 / 쌓을 적, 곡식 곡, 막을 방, 주릴 기

모든 일에는
때가 있다

"닭, 돼지, 개를 기르는 일에 때를 잃지 아니하면,
많은 식구가 있는 집도 굶주리지 않을 것이다."

雞豚狗彘之畜, 無失其時,
계 돈 구 체 지 축 , 무 실 기 시

數口之家, 可以無饑矣。
수 구 지 가 , 가 이 무 기 의

공부를 하는 때도, 운동을 하는 때도 가장 좋은 성과를 낼 수 있는 때가 있다. 그 시기를 놓치고 나서 중년, 노년이 되어서 공부나 운동을 하려 해도 10대나 20대를 따라가기란 여간 쉽지 않다. 무엇을 하든 때를 놓치지 않는 것만으로도 많은 것을 준비하고 있게 된다. 기회는 지금 내가 해야 할 일을 차근차근 해내는 자의 몫이다.

---

* 닭 계, 돼지 돈, 개 구, 돼지 체, 갈 지, 짐승 축 / 없을 무, 잃을 실, 그 기, 때 시 / 셈 수, 입 구, 갈 지,
집 가 / 옳을 가, 써 이, 없을 무, 주릴 기, 어조사 의

모르면 모른다고 하는 게
상대방을 위한 일이다

"일을 몸소 보지 않았다면,
절대로 함부로 이야기하지 마라."

事非親見, 切莫亂談。
사 비 친 견 , 절 막 란 담

─ 亂 : '어지럽다'는 말이 확장되어 '손상시키다', '음란하다', '포악하다' 등 주로 부정어와 함께
쓰인다. 대표적으로 혼란, 요란, 교란, 음란이 있다. ─

　자신이 직접 해보지 않고 제대로 알지 못하는 일에는 절대 단정 지어
서 함부로 말하지도 말 것이며, 일을 나서서 책임지려 해서도 안 된다.
얕은 지식으로 나서는 자는 금방 자신의 그릇을 들키기 마련이고, 이런
자와는 거리를 두게 된다. 좋은 의도를 가졌을지라도 자신이 잘 모르는
일에 나서 책임지려 하지 마라.

＊일 사, 아닐 비, 친할 친, 볼 견 / 끊을 절, 없을 막, 어지러울 란, 말씀 담

효는 훗날이 아니라,
지금 해야 하는 것이다

"나무가 고요하려 해도 바람이 그치지 않고,
자식이 봉양하려 해도 부모가 기다리지 않는다."

樹欲靜而風不止, 子欲養而親不待。
수 욕 정 이 풍 부 지 , 자 욕 양 이 친 부 대

때를 기다리며 미루고 미루어 봐도 그때는 잘 찾아오지 않는다. "내가
돈 많이 벌면 효도할게!", "내가 취업만 하면 효도할 테니까 조금만 기다
려!" 그렇게 하루하루를 다음으로 미루고, 그렇게 한 해, 두 해가 지나가
다 보면 이제야 좋은 곳을 모시고 가고, 좋은 것을 해 드리려고 해도 부모
가 그럴 기력이 없거나 세상을 떠나시고 없게 된다. 중요한 건 지금이다.
지금이 아니면 할 수 없는 것이 있다. 기다렸다가 더 큰 효도를 하겠다고
마음먹지 말고, 지금 할 수 있는 효도를 하는 것이 더 중요함을 깨달아야
한다.

* 나무 수, 하고자 할 욕, 고요할 정, 말 이을 이, 바람 풍, 아닐 부, 그칠 지 / 아들 자, 하고자 할 욕, 기
를 양, 말 이을 이, 친할 친, 아닐 부, 기다릴 대

힘은
합칠수록 커진다

"부자가 힘을 합하면 산이 옥이 되고,
형제가 한 마음이면 흙이 금이 된다."

父子竭力山成玉, 弟兄同心土變金。
부 자 갈 력 산 성 옥 , 제 형 동 심 토 변 금

– 竭 : '다하다'가 확장되어 '끝나다'의 의미가 있다. 엉기고 막히는데 쓰이지만 마음과 힘을
다 쏟아낸다는 사자성어 탄갈심력(殫竭心力)도 있다. –

가장 가까운 사람과 합심할 수 있다면 그보다 더 큰 시너지 효과도 없
을 것이다. 특히 부모와 형제는 나의 수족과도 같은 존재이기 때문에 부
모, 형제와 합심하는 것은 무엇보다 중요한 일이 아닐 수 없다. 나의 손
과 발이 자꾸 내 의지와 다르게 움직인다면 간단한 일 하나도 혼자서 해
내지 못하는 것처럼 부모 형제와 의견을 다투고 화목하지 못하다면 집
안이 시끄러울 것이다. 그러므로 가족 간에 늘 합심하여 화합을 이루도
록 해야 한다.

* 아버지 부, 아들 자, 다할 갈, 힘 력, 메 산, 이룰 성, 구슬 옥 / 아우 제, 형 형, 한가지 동, 마음 심, 흙
토, 변할 변, 쇠 금

웃어야
좋은 일이 생긴다

"집에 들어와 근황을 묻지 않아도,
얼굴만 보면 사는 바를 알게 된다."

入門休問榮枯事, 且看容顔便得知。
입 문 휴 문 영 고 사 , 차 간 용 안 편 득 지

많은 말을 듣지 않고 낯빛만 봐도 그 사람의 흥망성쇠를 알 수 있는 법이다. 그래서 특히 부모는 자식이 집에 들어설 때 자식의 낯빛을 많이 살핀다. 얼굴이 좋지 않아 보이면 걱정하고, 좋아 보이면 자신의 일보다 더 기뻐하는 것이 부모이다. 공자, 맹자도 사람을 볼 때 얼굴과 눈동자를 많이 살피라고 했던 것만 봐도 얼굴에는 모든 감정이 담겨 있다. 그러니 평소에도 늘 밝게 웃는 얼굴을 하고 있도록 하자. 그 웃는 얼굴이 좋은 일을 불러들일 테니 말이다.

---

* 들 입, 문 문, 쉴 휴, 물을 문, 영화 영, 마를 고, 일 사 / 또 차, 볼 간, 얼굴 용, 낯 안, 편할 편, 얻을 득, 알 지

윗물에 따라
아랫물이 달라지는 법이다

"관청이 청렴하면 공무원들이 야위고,
신령이 영험하면 묘지기가 살찐다."

官清司吏瘦, 神靈廟主肥。
관 청 사 리 수 , 신 령 묘 주 비

윗물이 맑으면 아랫물이 맑듯이 상관이 정직하게 굴면 부당한 이익을
취하는 부하가 없게 되고, 스스로 능력을 키우면 그 혜택이 주변에까지
이른다. 무엇을 하든 근본적인 것에 집중하면 나머지는 따라오는 법이
다. 어떤 유혹에도 자신의 자리에서 해야 할 일이 아니면 관심조차 두지
말 것이며, 무엇보다 기본에 충실하는 것이 우선이다.

* 벼슬 관, 맑을 청, 맡을 사, 벼슬아치 리, 여윌 수 / 귀신 신, 신령 령, 사당 묘, 주인 주, 살찔 비

인품은 억지로
만들 수 있는 게 아니다

"불같은 화를 멈추고,
위엄 있는 척함을 멈춰라."

息卻雷霆之怒, 罷卻虎豹之威。
식 각 뢰 정 지 노 , 파 각 호 표 지 위

영국의 소설가 G.K. 체스터턴은 "천사는 자신을 가벼운 존재로 낮추므로 날 수 있다. 악마는 제 무게에 못 이겨 추락한다"고 했다.

그의 말처럼 굳이 위엄 있는 척하지 않더라도 훌륭한 인품의 사람은 저절로 존경하고 우러르게 되고, 추악한 성품은 숨길 수 없다. 그런 척하는 것은 드러나기 마련이고 훤히 보이는 법이니 꾸며 내거나 스스로 무엇이라 말하지 말아라.

---

* 그칠(쉴) 식, 물리칠 각, 우레 뢰, 천둥소리 정, 갈 지, 성낼 노 / 마칠 파, 물리칠 각, 범 호, 표범 표,
  갈 지, 위엄 위

뭉쳐야 산다

"남에게 너그럽게 구는 것이 계산의 근본이고,
남에게 보태주는 것이 셈의 기본이다."

饒人算知本, 輸人算知機。
요 인 산 지 본 , 수 인 산 지 기

축구 선수들의 기록을 보면 득점도 중요하게 보지만 그보다 어시스트를 얼마나 했느냐를 굉장히 중요하게 본다. 이 선수가 자신만을 위하는 플레이를 하는 것이 아니라, 팀을 위한 플레이를 더 중요하게 여기는지를 보는 것이다. 미국의 유명한 야구 선수인 베이브 루스 역시 "팀이 하나로 뭉쳐 플레이하는 것이 승리를 결정한다"고 말한 바 있다. 우리가 사는 사회 역시 서로를 배려하고 위할 때 비로소 함께 승리하는 것이고, 함께 성장해 나간다는 것을 기억하자.

＊ 넉넉할 요, 사람 인, 셈 산, 알 지, 근본 본 / 보낼 수, 사람 인, 셈 산, 알 지, 틀 기

호평은 무겁고,
악평은 가볍다

"좋은 말은 얻기 어렵지만,
나쁜 말은 퍼져 나가기 쉽다."

好言難得, 惡語易施。
호 언 난 득 , 악 어 이 시

신용등급을 올리기는 어렵지만, 떨어지는 건 금방이다. 이처럼 사람에 대한 평가도 호평은 얻기 힘들지만, 악평은 쉽게 받는다. 열 번 잘해도 한 번 실수한 것이 더 크게 보이는 것처럼 말이다. 그리고 사람들은 남의 장점보다는 단점에 더 주목하여서 모였다 하면 다른 이들을 헐뜯으면서 쉽게 단점을 지적한다. 그렇기에 사람을 대할 때에는 가까운 사람 앞이라도 행동을 조심하고, 기본적인 예의를 꼭 갖춰야 한다.

* 좋을 호, 말씀 언, 어려울 난, 얻을 득 / 악할 악, 말씀 어, 쉬울 이, 베풀 시

심사숙고란,
말을 할 때 필요한 기술이다

"이미 내뱉은 말은,
말을 타고 쫓는다 해도 잡을 수 없다."

一言旣出, 駟馬難追。
일 언 기 출 , 사 마 난 추

– 이와 비슷한 사자성어로 사불급설(駟不及舌)이 있다. 이는 네 마리 말이 마차를 끌어도 허를 붙잡을 수 없다는 의미로, 소문이 순식간에 퍼지는 것을 말한다. –

바닥에 부어버린 물처럼 한 번 뱉은 말은 돌이킬 수 없다. 정정하고 사과한다 하더라도 이미 들어버린 말은 사라지지 않고 지워지지 않는다. 그러니 말을 할 때는 항상 한 번 더 삼키고, 숙고하도록 해야 한다. 말처럼 가볍고 쉽게 나갈 수 있는 것도 없지만, 실은 말처럼 무거운 것도 없다. 말이란 가볍게 술술 나가지만 그에 따른 결과는 감당할 수 없을 만큼 무거울 수 있다는 점을 꼭 기억하자.

* 한 일, 말씀 언, 이미 기, 날 출 / 사마 사, 말 마, 어려울 난, 쫓을 추

타인의 장점을
가져와야 성장할 수 있다

"그 사람의 선한 것은 그대로 따르고,
그 사람의 선하지 않은 것은 타산지석으로 삼는다."

擇其善者而從之, 其不善者而改之。
택 기 선 자 이 종 지 , 기 불 선 자 이 개 지

─ 擇 : '가리다'의 확장 의미로 '구별하다', '선택하다'로 쓰였다. ─

    다른 사람의 좋은 건 좋은 대로, 나쁜 모습은 좋은 것으로 바꿔서 자신의 것으로 받아들인다. 그렇게 스펀지처럼 흡수하다 보면 부러워했던 타인의 장점은 자신의 것이 되어 있을 것이다. 그리고 다른 이의 단점을 보고, 자신을 고치는 계기로 삼을 수 있으니 어느새 존경했던 그 누군가보다 더 멋진 자신을 발견하게 될 것이다.

＊ 가릴 택, 그 기, 착할 선, 놈 자, 말 이을 이, 좇을 종, 갈 지 / 그 기, 아닐 불, 착할 선, 놈 자, 말 이을 이, 고칠 개, 갈 지

어떤 선택을 하든 자유지만
미덕을 앞세워야 한다

"가난하여도 뜻은 잃지 말고,
부유하여도 천박하지는 말라."

窮莫失志, 富莫癲狂。
궁 막 실 지 , 부 막 전 광

　가난하다 해서 뜻마저 가난해질 필요는 없다. 가난하다는 것은 뜻을
품을 수 없다는 것이 아니라, 뜻을 이루기까지 헤쳐 나가는 길이 좀 더
길거나 어려울 뿐이다. 그럼에도 할 것이냐, 하지 않을 것이냐는 오롯이
당신의 몫이다. 또한, 부유할 때는 겸손의 미덕을 지녀야 한다. 가진 것이
많을수록 보는 눈이 많아지는 법이니 행동이 가벼울수록 질타를 받게
된다. 가진 것이 많을수록 행동에 신중을 기해라.

＊ 궁할 궁, 없을 막, 잃을 실, 뜻 지 / 부유할 부, 없을 막, 미칠 전, 미칠 광

선을 이길 수 있는
챔피언은 없다

"사람의 염원이 선하면,
하늘은 반드시 돕는다."

人有善願, 天必佑之。
인 유 선 원 , 천 필 우 지

– 비슷한 말로 '하늘은 스스로 돕는 자를 돕는다'가 있다. 중요한 건 '스스로'에 있다. 내가 도움을 주는 주체가 되어야 함을 강조한다. –

진실이 분명 드러나는 건 선한 것이 결국 무엇보다 위에 있음을 알게 해주는 자연의 섭리이자 하늘의 뜻일 것이다. 선을 외면하여 당장의 이익을 취할 수는 있을지 모르지만 이것은 시간이 흐르고 흘러 어떤 식으로든 다시 내 것이 아니게 되는 것임을 기억하자. 선한 것은 약해 보이지만 무엇에도 지지 않고, 더딘 것처럼 보이지만 멈추지 않는다.

* 사람 인, 있을 유, 착할 선, 원할 원 / 하늘 천, 반드시 필, 도울 우, 갈 지

아침을 즐겁게 시작하면
하루를 기분 좋게 끝낼 수 있다

"아침부터 술을 마시게 되면,
취한 채 저녁을 맞이한다."

莫飮卯時酒, 昏昏醉到酉。
막 음 묘 시 주 , 혼 혼 취 도 유

– 묘시(卯時)는 십이시 중 네 번째 시(時)로 오전 5시부터 7시까지를 뜻하고, 유시(酉時)는 십
이시 중 열 번째 시로 오후 5시부터 7시까지이다. –

아침을 긍정적인 마음가짐으로 시작하면 온종일 기분이 좋아진다. 아
침을 헛되이 보내거나 기분 나쁘게 시작하면 하루를 허무하게 보내게
되고, 불쾌한 기분에 시달리게 된다. 한 해의 겨울을 따뜻하게 보내려면
긍정적인 마음으로 봄부터 가을까지 열심히 땀을 흘리고, 준비를 잘하
면 된다. 지금 그대가 보내는 시간은 그저 지나가는 시간이 아니라 다음
시간에 영향을 주는 연결 고리임을 깨달아야 한다.

＊없을 막, 마실 음, 토끼 묘, 때 시, 술 주 / 어두울 혼, 어두울 혼, 취할 취, 이를 도, 닭 유

폭탄인줄 알면서
일부러 터트릴 필요는 없다

"저녁에 아내를 나무라지 마라,
밤새도록 외롭고 쓸쓸해진다."

莫罵酉時妻, 一夜受孤凄。
막 매 유 시 처 , 일 야 수 고 처

　나이 들어 평안한 삶을 살고 싶다면 젊을 때의 시간을 허비하며 살지 말아야 하며, 홀로 되어 외롭기 싫다면 지금 곁에 있는 사람을 소중히 여기고 잘해 주어야 한다. 종종 그렇게 되는 것이 두렵다면서 반대로 행동하는 사람들을 보곤 한다. 언제 터질지 모르는 폭탄이니 자기가 지닌 폭탄을 스스로 터뜨려버리는 것처럼 말이다. 이 얼마나 어리석은 행동인가. 즐거운 것을 찾아다니기에도 부족한 시간이다. 군이 두려움을 확인하기 위해 시간을 허비하지 말라.

* 없을 막, 꾸짖을 매, 닭 유, 때 시, 아내 처 / 한 일, 밤 야, 받을 수, 외로울 고, 쓸쓸할 처

사랑을 원하면
사랑을 주면 된다

"삼 심은 데 삼 나고,
콩 심은 데 콩이 난다."

種麻得麻, 種豆得豆。
종 마 득 마 , 종 두 득 두

자주 들어본 말이다. 모든 일은 뿌린 대로 거둔다는 가장 단순하고 확실한 진리를 알려주는 말이 아닐 수 없다. 평온한 삶을 살고 싶다면 악한 일을 하지 말고 선의를 뿌려야 한다. 또한 사람들에게 사랑받고 싶다면 사랑을 주어야 한다. 콩을 얻기 위해서는 콩을 심어야 하는 것처럼 말이다. 내가 마음을 쓴 대로 그에 따른 결과가 나타나는 법이니, 자신이 원하는 것이 있으면 스스로 먼저 내어 주도록 하자.

＊ 씨 종, 삼 마, 얻을 득, 삼 마 / 씨 종, 콩 두, 얻을 득, 콩 두

190

상대방을 속이는 건
나를 속이는 것과 같다

"하늘의 눈은 매우 광대하여,
결코 새는 법이 없다."

天眼恢恢, 疏而不漏。
천 안 회 회 , 소 이 불 루

사람은 속일 수 있겠지만 하늘은 속일 수 없다. 선의인척 상대를 속일 수는 있어도 하늘은 속일 수 없기에 언젠가는 응보를 받게 된다. 그러니 항상 무슨 일을 할 때는 상대방이 아니라 자기 자신을 바라보며 해야 하고, 자기 스스로 당당하게 굴어야 한다. 누군가를 위해서가 아니라, 나 자신에게 부끄럽지 않게 살아가는 것이 가장 중요하다.

---

* 하늘 천, 눈 안, 넓을 회, 넓을 회 / 소통할 소, 말 이을 이, 아닐 불, 샐 루

성공한 사람은 나설 때와
나서지 말아야 할 때를 알고 있다

"관리일 때는 앞에 나서지 말고,
손님일 때는 뒤에 있지 마라."

見官莫向前, 作客莫在後。
견 관 막 향 전 , 작 객 막 재 후

때와 장소, 위치에 걸맞게 나설 때만 잘 알아도 충분히 존중받을 수 있다. 나서야 할 때 나서지 않는 것은 부끄러운 짓이고, 나서지 말아야 할 때 나서는 것도 부질없는 짓이다. 우스갯소리로 나이가 들수록 입은 닫고 지갑은 열라는 말처럼 자신이 나서야 할 자리를 잘 아는 사람일수록 멋진 사람으로 인정받게 된다.

＊볼 견, 벼슬 관, 없을 막, 향할 향, 앞 전 / 지을 작, 손 객, 없을 막, 있을 재, 뒤 후

일은 책임지고 할 수 있지만,
사람은 책임질 수 없다

"쌀 한 말을 보태줄지언정,
사람을 맡지는 말라."

寧添一斗, 莫添一口。
녕 첨 일 두 , 막 첨 일 구

사람을 거두지 말라는 말이 아니라, 사람에 대한 책임을 가벼이 여기지 말라는 뜻이다. 물건은 주면 그만이고, 필요가 없을 때는 한켠에 놓아두고 돌아보지 않아도 괜찮다. 하지만 사람은 내게 좋을 대로 한다고 상대방에게 무조건 좋은 것도 아니고, 내가 선의를 담았다고 해서 반드시 상대방에게 그 마음이 전해지는 것도 아니다. 내 뜻대로 되지 않는 것이 사람이다. 그러니 그저 도움을 주려할 뿐, 사람마저 책임지려 하지는 말아라. 스스로를 책임질 수 있는 건 오직 자기 자신밖에 없다.

＊ 편안할 녕, 더할 첨, 한 일, 말 두 / 없을 막, 더할 첨, 한 일, 입 구

시야가 좁은 사람은
앞만 보고 달린다

"사마귀가 눈앞의 매미를 잡으려고 하는데,
어찌 꾀꼬리가 뒤에서 자신을 노리고 있음을 알겠는가."

螳螂捕蟬, 豈知黃雀在後。
당 랑 포 선 , 기 지 황 작 재 후

─ 황작(黃雀)은 꾀꼬리 또는 참새를 뜻한다. ─

눈앞의 이익만 보고 있다 보면 앞만 보고 달리는 경주마처럼 시야가
좁아지고 생각을 깊게 할 수 없는 경우가 많다. 그러다 보면 중요한 것을
놓치기도 하고, 실수를 하기도 한다. 흥분하여 성급해지지 말고, 감성적
으로 행하지 말아야 한다. 늘 침착하게 한 번 더 숙고하고, 되짚어 검토하
여 일을 시행하라. 나쁜 일도 좋은 일을 숨기고 있지만, 좋은 일도 나쁜
일을 품고 있는 경우가 많음을 상기해야 한다.

＊ 사마귀 당, 사마귀 랑, 잡을 포, 매미 선 / 어찌 기, 알 지, 누를 황, 참새 작, 있을 재, 뒤 후

자식보다 돈이
소중하진 않다

"금과 옥을 귀하게 여겨 구하려 하지 말고,
다만 자식과 손자가 모두 현명하기만을 바란다."

不求金玉重重貴, 但願兒孫個個賢。
불 구 금 옥 중 중 귀 , 단 원 아 손 개 개 현

수많은 재물을 쌓았다 하더라도 자식을 현명하게 키우지 못하면 그 재물이 오히려 자식을 해치게 된다. 재물은 분명 이 세상을 살아가는데 있어 중요한 요소 중 하나이다. 하지만 재물을 위해 그보다 더 소중한 것을 잃는 경우도 우리는 흔히 보곤 한다. 우리가 바라본 부자들은 그 돈으로 행복하기만 한 삶을 살고 있을까? 재물은 우리에게 많은 것을 가져다주지만, 그만큼 많은 것을 가져가려 함을 잊지 말자.

---

* 아닐 불, 구할 구, 쇠 금, 구슬 옥, 무거울 중, 무거울 중, 귀할 귀 / 다만 단, 원할 원, 아이 아, 손자 손, 낱 개, 낱 개, 어질 현

삶은 배움의 장이다

7月

오늘도
함께 해 줘서 고맙다

"하루아침에 부부가 되었지만,
오랜 세월의 인연이 있었기에 만나진 것이다."

一日夫妻, 百世姻緣。
일 일 부 처 , 백 세 인 연

부부의 인연은 각별하다. 부모와 형제, 친지는 피로 이어진 인연이다. 하지만 부부는 아무 연관도 없는 생판 남이 피로 맺은 사이보다도 더 가까운 사람이 되는 유일한 존재이다. 그 소중하고 유일한 사람에게 나를 믿고 곁에 있어 줘서 고맙다고 말해 주자. 매일 해도 부족한 말을 부끄럽다는 핑계로 아끼는 것은 어리석은 짓이다. 서로에게 감사함을 맘껏 표현해 준다면 이것이 바로 백년해로의 비결이 될 것이다.

＊ 한 일, 날 일, 지아비 부, 아내 처 / 일백 백, 인간 세, 혼인 인, 인연 연

가까이 있는 사람과의 만남은 필연에 가깝다

"백 년 동안 함께 수련한 인연으로 같은 배를 타는 것이고,
천 년 동안 함께 수련한 인연으로 같은 베개를 베고 잔다."

百世修來同船渡, 千世修來共枕眠。
백 세 수 래 동 선 도 , 천 세 수 래 공 침 면

지금 함께 하는 사람은 우연히 만난 그저 그런 사람이 아니다. 수천, 수만 명 중에서 나와 인연을 맺은 소중하고 특별한 사람이다. '천생연분'이라는 말이 있듯이 내 옆의 아내 또는 남편은 하늘이 베푼 인연인데, 아이러니하게도 우리는 이렇게 특별한 사람을 익숙하고 편하다는 이유로 가볍게 대하고 있다. 없으면 가장 힘들어 할 사람은 본인이면서 말이다. 훗날 후회하는 일이 없으려면 소중한 사람을 이제부터라도 귀하게 여기고 아껴 줘야 할 것이다.

* 일백 백, 인간 세, 닦을 수, 올 래, 한가지 동, 배 선, 건널 도 / 일천 천, 인간 세, 닦을 수, 올 래, 한가지 공, 베개 침, 잘 면

모든 사람이 가진 것을 조금씩 나누면 배고픔은 사라진다

"사람마다 예의를 지키며 살면
천하에는 관리가 필요 없다."

人人依禮儀, 天下不設官。
인 인 의 예 의 , 천 하 불 설 관

어쩌면 세상 모든 이가 동시에 '지금부터 먹을 것을 서로 나눠 기근으로 죽어가는 이가 없도록 합시다'라고 한다면 세상에 기근은 사라질 것이다. 세상 모든 이가 '지금부터 모든 일을 서로가 양보하고 이해하며 살도록 합시다'라고 한다면 세상에 죄와 벌은 사라질 것이다. 우리는 어쩌면 서로가 서로에게 가장 좋은 길을 두고 자신의 이익을 위해 험난한 길을 선택하며 살아가는 지도 모르겠다.

＊사람 인, 사람 인, 의지할 의, 예도 예, 거동 의 / 하늘 천, 아래 하, 아닐 불, 베풀 설, 벼슬 관

삶은
영원하지 않다

"고목은 봄을 만나면 다시 피어나지만,
사람은 두 번 다시 젊은 시절로 돌아갈 수 없다."

枯木逢春猶再發, 人無兩度再少年。
고 목 봉 춘 유 재 발 , 인 무 양 도 재 소 년

    지금의 시간은 두 번 다시 돌아올 수 없는 시간이다. 너무 행복하고 멈추고 싶은 순간이라도 반드시 지나가기 마련이고 돌이킬 수 없는 법이다. "한 사람이 해변의 예쁜 조개껍질을 모두 담을 수 없다"는 미국의 수필가 앤 모로 린드버그의 말처럼 우리에게 주어진 삶이라는 시간은 한정적이고 순간적이기 때문에 늘 지금의 시간을 소중히 여기고 순간을 기록하는 마음으로 살아야 한다.

* 마를 고, 나무 목, 만날 봉, 봄 춘, 오히려 유, 두 재, 필 발 / 사람 인, 없을 무, 두 양, 법도 도, 두 재, 적을 소, 해 년

길흉화복은
내가 만든다

"남 탓만 해서는 이해할 수 있는 것이 없고
이해하기 시작하면 아무도 탓하지 않는다."

怪人不知理, 知理不怪人。
괴 인 불 지 리 , 지 리 불 괴 인

– '괴이할 괴(怪)'가 '의심하다'로 쓰였고, '다스릴 리(理)'가 '깨닫다'로 해석되었다. 남을 의심하는 사람은 깨달음을 알지 못한다는 의미다. 여기서 깨달음이란 '조화'에 가깝다. 인간관계의 좋고 나쁨은 누구와 어떻게 조화를 이루는지에 따라 달라진다. –

깨달은 자일수록 남을 원망하지 않고, 성공한 자는 하늘을 원망하지 않는다. 복은 자신에게서 싹트고, 화도 자신에게서부터 나오는 것이다. 세상은 보고 싶은 대로 보이게 되고, 생각하는 대로 이루어진다. 그러므로 세상을 자신이 원하는 방향으로 개척하는 이는 성공에 이를 수 있다.

＊ 괴이할 괴, 사람 인, 아닐 불, 알 지, 다스릴 리 / 알 지, 다스릴 리, 아닐 불, 괴이할 괴, 사람 인

부족하다 생각하면
부족한 것만 보인다

"부유하지 않음에도 부유하게 살면 결국 부유해질 수 없고,
가난하지 않음에도 가난하게 살면 결국 가난하지 않게 된다."

未富先富終不富, 未貧先貧終不貧。
미 부 선 부 종 불 부 , 미 빈 선 빈 종 불 빈

– 先 : '나아가다'로 해석되어 지속적인 의미를 강조한다. 우선, 선생, 선배는 주로 '앞'의 의미
만 드러냈고 '선구자'는 계속적 의미도 포함되었다. –

　　허세와 과욕에 빠져 살면 언제나 부족하게 살 수밖에 없고, 겸손하고
겸허하게 살면 풍요롭고 편안하게 살 수 있다. 가진 것에 감사함을 모르
고 늘 부족한 것에 초점이 맞춰져 있으면 결국 부족해질 것이니 지금 가
진 것에 감사하고 소중하게 아껴야 한다. 풍요와 빈곤은 결국 내 마음에
서 비롯되는 것이니, 눈에 보이는 것을 채우기보다 내 마음부터 채워야
진정한 풍요라 할 수 있는 것이다.

* 아닐 미, 부유할 부, 먼저 선, 부유할 부, 마칠 종, 아닐 불, 부유할 부 / 아닐 미, 가난할 빈, 먼저 선,
　가난할 빈, 마칠 종, 아닐 불, 가난할 빈

지금의 것은
순간적인 것일 뿐이다

"부자는 다가올 일을 생각하나,
가난한 자는 눈앞의 일만 생각한다."

富人思來年, 窮人想眼前。
부 인 사 래 년 , 궁 인 상 안 전

– '思'와 '想'의 차이점은 드러내냐 숨기냐에 차이를 둔다. 전자는 사상이나 감정을 표현할 때 사용되고, 후자는 마음속으로 생각할 때 쓰인다. 여기서 부자는 '재물'로 한정하지 않고 삶의 주체성과 적극성을 지닌 사람을 가리킨다. –

현명한 사람은 지금의 것에 취해 있지 않는다. 지금의 것은 순간적이란 걸 알기 때문이다. 지금 주어진 것도, 지금 주어지지 않은 것도 언제든 변할 수 있음을 안다. 그렇기에 현명한 사람은 지금 주어진 것에 기뻐하며 취해 있지도 않고, 지금 주어지지 않았다 하더라도 절망하지 않는다. 그저 다가올 시간에 집중한다. 이것은 또한 지나갈 것이기에 크게 의미를 두지 않는 것이다.

＊부유할 부, 사람 인, 생각 사, 올 래, 해 년 / 궁할 궁, 사람 인, 생각 상, 눈 안, 앞 전

사람은 손해를 볼 때
본성이 드러난다

"세상에 정을 나눌 사람을 찾고자 한다면,
물건을 외상으로 주고 돈을 취하지 않아 보면 된다."

世上若要人情好, 賖去物品莫取錢。
세 상 약 요 인 정 호 , 사 거 물 품 막 취 전

내가 알고 있는 어떤 이의 본성을 제대로 알려면 나를 대하는 태도를
보지 말고, 식당의 종업원에게 하는 행동이나 말투를 지켜보는 것이 좋
다. 자신과 상관없는 사람을 어떻게 대하는지가 그 사람의 본성을 보여
주는 경우가 많기 때문이다. 사람의 본성은 특히 자신이 손해를 보았을
때 드러나기 마련이다. 식당 종업원이 실수를 했을 때에도 친절함을 잃
지 않는지, 아니면 화를 내는지를 통해 마음의 밑바탕을 살펴볼 수 있을
것이다.

＊ 인간 세, 위 상, 같을 약, 요긴할 요, 사람 인, 뜻 정, 좋을 호 / 세낼 사, 갈 거, 물건 물, 물건 품, 없을
막, 가질 취, 돈 전

성공은
실패의 끝에 있다

"빚지는 것이 적어지면 조금씩 얻는 것이고,
지는 것이 적어지면 결국 이기는 것이다."

少當少取, 少輸當贏。
소 당 소 취 , 소 수 당 영

– 當 : '당국', '당시', '당장'처럼 주로 접두어로 쓰이지만 '충당하다', '책임을 맡다' 등 보상의
개념으로 들어갈 땐 대부분 후미에 사용된다. '저당', '충당', '감당' 등 활용도가 높다. –

　　반드시 원하는 결과가 나와야만 승리한 것이고, 그것만이 성공은 아
니다. 실패했어도 그것에서 얻을 수 있는 것이 있고, 남는 것이 있다. 크
고 작은 것들이 쌓이고 쌓이다 보면 더 큰 승리와 성공을 얻을 수 있게
되는 것이다. 이 세상에 아무 소용없는 일이란 존재하지 않는다.

＊적을 소, 마땅 당, 적을 소, 가질 취 / 적을 소, 보낼 수, 마땅 당, 남을 영

두려움에 회피하지 않고
마주할 때 우리는 성장한다

"불은 원래 돌의 부딪침에 있고,
부딪치지 않으면 연기도 없다."

擊石原有火, 不擊乃無煙。
격 석 원 유 화 , 불 격 내 무 연

— 관점이 다른 격언으로 무풍불기랑(無風不起浪)이 있다. 바람이 불지 않으면 파도가 일지
않는다는 뜻으로 '아니 땐 굴뚝에 연기 날까'의 속담과 함께 쓰인다. —

두려워하는 무언가가 길을 막고 있다면 반드시 그것을 직시해야만 한
다. 그것만이 두려움을 지울 수 있는 유일한 방법이다. 문제가 두렵다고
외면해서는 아무것도 나아지는 것이 없다. 크고 작은 경험이 인생의 면
역성을 키워주고, 강인하게 만들어 준다. 그렇게 강해지다 보면 무엇에
도 지지 않는 강직함을 품을 수 있게 되는 것이다.

＊칠 격, 돌 석, 근원 원, 있을 유, 불 화 / 아닐 불, 칠 격, 이에 내, 없을 무, 연기 연

삶은
배움의 장(場)이다

"사람은 배워야 도리를 알게 되고,
배우지 않으면 헛되이 살아갈 뿐이다."

人學始知道, 不學亦徒然。
인 학 시 지 도 , 불 학 역 도 연

사람이 만물 위에 군림할 수 있었던 것은 경험으로 인해 배우고, 배운 것 위에 새로운 것을 더해서 발전시켜왔기 때문이다. 우리의 삶 자체가 매일매일 새로운 경험이고 배움이다. 그러니 배운다는 것을 어렵고 무겁게 생각하지 말고 늘 맞이하는 하루에서 새로운 것을 배우고 터득한다고 여기자. 그래서 노인에게서 우리는 삶의 지혜를 배울 수 있는 것이다. 시간 속에 담긴 지혜를 말이다.

＊사람 인, 배울 학, 비로소 시, 알 지, 길 도 / 아닐 불, 배울 학, 또 역, 무리 도, 그럴 연

누구나
백발노인이 된다

"남이 늙었음을 비웃지 마라,
나에게도 반드시 늙음이 다가온다."

莫笑他人老, 終須還到老。
막 소 타 인 로 , 종 수 환 도 로

가끔 혈기 왕성한 청년들이 힘없는 노인들을 무시할 때가 있다. 뭘 해도 쉽게 하고 금방 잘할 수 있을 나이 때는 뭐든지 할 수 있다는 자신감에 차있기 때문에 더욱 그러한 아집에 빠지곤 한다. 허나 그들이 우습게 여기는 노인들에게도 그런 때가 있었다. 오히려 그 시간을 넘어 상상도 못한 수많은 경험을 한 뒤에 비로소 어깨에 힘을 빼고 있을 뿐이다. 그대에게 다가올 시간 앞에 허세와 자만에 빠지는 어리석은 짓을 하지 마라. 흰머리도 아무나 생기는 것은 아니다.

* 없을 막, 웃음 소, 다를 타, 사람 인, 늙을 로 / 마칠 종, 모름지기 수, 돌아올 환, 이를 도, 늙을 로

지나친 욕심만 버리면 근심이 없다

"단지 본분에 맞게 살아간다면
평생의 번뇌가 없다."

但能守本分, 終身無煩惱。
단 능 수 본 분 , 종 신 무 번 뇌

본분에 맞게 살아간다는 것은 단순히 분수에 맞게 살아간다는 것이
아니라, 사람이 마땅히 지향해야 할 길을 말하는 것이다. 과욕을 부리지
않고 중도의 길을 걸으며, 선의를 품고 살아가는 인의 길을 말이다. 이것
은 당연하지만 누구도 쉽지 않은 길이기에 늘 의식적으로 길을 벗어나
지 않으려 하고, 자신의 길을 의지로 지켜야 한다. 그것이 세상을 가장
평안히 살아갈 수 있는 방법이다.

＊다만 단, 능할 능, 지킬 수, 근본 본, 나눌 분 / 마칠 종, 몸 신, 없을 무, 번거로울 번, 번뇌할 뇌

행동의 결과는
적절한 시기에 찾아온다

"선하게 굴면 선한 보답이 있고, 악하게 굴면 악한 보답이 있다.
아직 응보가 없다면, 그저 때가 이르지 않았을 뿐이다."

善有善報, 惡有惡報。
선 유 선 보 , 악 유 악 보

不是不報, 時候未到。
불 시 불 보 , 시 후 미 도

– 불시불보(不是不報)를 직역하면 '옳은 것이 없다면 판단하지도 못한다'이다. 기쁨을 알려면
슬픔도 알아야 한다. 여기서 '때'란 양쪽 모두 알았을 때를 의미한다. –

    모든 일에는 그에 따른 마땅한 보답이 있기 마련이다. 그대가 품은 마음과 그 마음대로 행한 움직임은 세상의 모든 파장을 흔들고, 그 파장은 그에 맞는 결과를 가져다주는 것이다. 내가 보낸 모든 파장은 어딘가에 부딪혀 결국 나에게 돌아오는 것이다. 어디에 무엇과 부딪혔는지에 따라 그 돌아오는 시간이 다를 뿐, 좋은 보답을 맞느냐 아니면 나쁜 보답으로 돌아오느냐는 내게 달렸다는 것을 기억해야 한다.

---

* 착할 선, 있을 유, 착할 선, 갚을 보 / 악할 악, 있을 유, 악할 악, 갚을 보 / 아닐 불, 옳을 시, 아닐 불,
갚을 보 / 때 시, 기후 후, 아닐 미, 이를 도

믿음을 주지 못하면
다음을 기약하지 않는다

"사람이 믿음이 없으면,
예의로 대할 필요가 없다."

人而無信, 不須禮之。
인 이 무 신 , 불 수 예 지

믿음이 없다면 그 사람을 가까이 할 이유가 없다. 믿음을 바탕으로 신뢰가 쌓이고, 믿음이 있어야 그 어떤 대화도, 행동도 함께 할 수 있는 것이다. 누군가와 사소한 무언가라도 함께 하려 한다면 먼저 믿음을 주고, 믿음을 가져라. 그러지 못한다면 아무것도 시작할 필요도, 시작할 수도 없다.

* 사람 인, 말 이을 이, 없을 무, 믿을 신 / 아닐 불, 모름지기 수, 예도 예, 갈 지

212

행운은 뿌린
씨앗의 열매이다

"복이 있는 자는 흥하고,
복이 없는 자는 망한다."

有福者昌, 無福者亡。
유 복 자 창 , 무 복 자 망

아무리 재능이 있고, 부유하게 태어났다 하더라도 운이 따라 주지 않는다면 성공할 수 없다. 사람이 최선을 다했다면 그 다음은 하늘에 맡겨야 한다. 이는 단순히 요행을 바라는 것과는 다르다. 모든 운은 진실과 진심을 바탕으로 한 결과이다. 선을 행한 자는 언제 어떤 식으로든 그 열매가 돌아오기 마련이다.

* 있을 유, 복 복, 놈 자, 창성할 창 / 없을 무, 복 복, 놈 자, 망할 망

흰머리는
지혜의 상징이다

"모든 일을 잘 처리하고 싶다면
세 명의 노인에게 물어야 한다."

若要凡事好, 須先問三老。
약 요 범 사 호 ， 수 선 문 삼 로

– 노당익장(老當益壯)이란 나이를 먹을수록 기력이 더욱 좋아지는 사람을 뜻한다. 흔히 노익장이라 부른다. 나이를 따지지 않고 사귄다는 망년지교(忘年之交), 늙은 말에 지혜가 있다는 노마지지(老馬之智)도 있다. –

노인들의 머리를 뒤덮은 흰머리는 늙음의 상징이 아니라, 지혜의 상징이다. 흰머리의 개수만큼 쌓인 경험의 지혜인 것이다. 지식은 습득하면 되지만, 지혜는 시간을 통해 쌓이는 것이다. 세월 속에서 몸은 늙었을지라도 현명함이 있고, 빠르지 않더라도 노련함이 배어 있다. 실수하고 싶지 않거든 연습을 충분히 하고, 실패하고 싶지 않다면 노인들에게 지혜를 구하라.

* 만약(같을) 약, 요긴할 요, 무릇 범, 일 사, 좋을 호 / 모름지기 수, 먼저 선, 물을 문, 석 삼, 늙을 로

초조함과 나태함을
항상 경계하라

"배부르고 따뜻하면 음탕한 욕심이 생기고,
배고프고 추우면 도둑질할 마음이 생겨난다."

飽暖思淫欲, 饑寒起盜心。
포 난 사 음 욕 , 기 한 기 도 심

　부족한 것이 없을 때는 안락함에서 오는 느긋함을 경계하고, 부족한 것이 많을 때는 조급함에서 오는 충동을 억제해야 한다. 느슨해진 마음은 쾌락을 부른다. 반대로 힘든 생활을 하는 이들은 배를 채우고 싶은 본능이 도덕을 앞서곤 한다. 뉴스를 통해 부유층의 마약 범죄와 빈곤층의 생계형 범죄를 심심치 않게 볼 수 있지 않은가. 나태하다는 것은 길을 나설 의지가 없다는 것이고, 초조한 마음이 든다는 것은 자신에 대한 확신이 없다는 것이다. 그러므로 항상 자신의 마음을 잘 살펴서, 한쪽으로 치우치지 않는 바른 길에 머물도록 해야 한다.

＊ 배부를 포, 따뜻할 난, 생각 사, 음란할 음, 하고자 할 욕 / 주릴 기, 찰 한, 일어날 기, 도둑 도, 마음 심

입을 열 때는 한 번 더 생각하고,
한 번 더 삼켜라

"모기가 부채에 맞아 죽는 것은
입으로 사람을 상하게 하기 때문이다."

蚊蟲遭扇打, 只因嘴傷人。
문 충 조 선 타 , 지 인 취 상 인

― 因 : '인하다'는 어떤 일에 이어지거나 뒤를 따른다는 뜻이다. 원인, 인과, 요인과 달리 '쌓이다', '친해지다'가 적용된 '인연'도 있다. ―

　　말은 하는 것도 중요하지만 그것보다 참는 것이 더 중요하다. 말을 아무리 잘해도 한 번 참는 것보다 못할 때가 있기 때문이다. 힘들게 쌓아 올린 신뢰와 관계가 말 한 마디에 와르르 무너져 버릴 수 있으니 말은 거르고 또 걸러서 해야 한다. 내 입에서 나간 말은 나의 통제를 벗어나게 되므로 입을 여는 것은 가벼이 여겨서는 안 되는 것이다. 그러니 입을 열 때는 한 번 더 생각하고, 한 번 더 삼키도록 하라.

＊ 모기 문, 벌레 충, 만날 조, 부채 선, 칠 타 / 다만 지, 인할 인, 부리 취, 다칠 상, 사람 인

재물을 선택하면
고통이 따라온다

"욕심이 많으면 정신을 상하게 하고,
재물이 많으면 몸을 피곤하게 한다."

欲多傷神, 財多累身。
욕 다 상 신 , 재 다 루 신

욕심은 더 나은 것을 위한 동기부여가 되기도 하지만, 과욕이 되어버리면 자신을 해치게 한다. 욕심이 앞을 가려 무리하게 되며, 처음 가졌던 선의를 잃게 된다. 가진 게 많아지면 이것을 지키기 위해 신경 써야 할 것들이 많아지고, 잃을 것을 두려워하여 염려하는 것들이 많아진다. 가지지 못한 때는 그래도 좋으니 한 번 많이 가져보고 싶다고 생각하지만, 부자든 빈자든 모든 이에게는 자리만큼의 고민이 있음을 알아야 한다.

---

* 하고자할 욕, 많을 다, 다칠 상, 귀신 신 / 재물 재, 많을 다, 여러 루, 몸 신

충분히 어두워야
빛이 드러난다

"집이 가난할 때는 효자가 나고,
나라가 어지러울 때는 충신이 나타난다!"

家貧出孝子, 國亂顯忠臣!
가 빈 출 효 자 , 국 난 현 충 신

– 재주가 많고 지략이 뛰어나 어지러운 세상을 뒤흔들고 공적을 세운 인물을 난세지영웅(亂世之英雄)이라 한다. 삼국지의 조조, 태조 이성계 같은 인물에 붙여지다 경영이나 스포츠 범위까지 확대되었다. –

영웅은 난세에 나타나는 법이다. 간혹 10대 아이들을 보면서 예전 유관순 열사는 너희만한 나이에 나라를 위해 만세 운동을 했다고 비교하곤 하지만, 그것은 시대가 달라 그런 것일 뿐이다. 지금도 나라가 위기에 빠지면 유관순 열사보다 더 어리고 용감한 아이들이 분명 나올 것이다. 사람의 진가는 어려운 환경에서 더 잘 드러난다. 우리는 이 사실을 여러 역사에서 확인할 수 있다.

* 집 가, 가난할 빈, 날 출, 효도 효, 아들 자 / 나라 국, 어지러울 난, 나타날 현, 충성 충, 신하 신

배워야 밑그림을
그릴 수 있다

"배운 사람은 곡식과 같고 벼와 같으며,
배우지 않은 사람은 쑥대밭 잡초와 같다."

學者如禾如稻, 不學者如草如蒿。
학 자 여 화 여 도 , 불 학 자 여 초 여 호

– '禾'는 곡식을, '稻'는 벼를 뜻한다. –

배운다는 것은 계속 쌓아 나간다는 것이다. 당장의 쓸모가 없더라도 무언가를 더 높게 쌓을 수 있는 반석이 되어 준다. 많이 배울수록 넓고 탄탄한 기초를 다질 수 있고, 발전할 수 있다. 그러나 배우지 않는다면 발전할 기회를 영영 잃고 만다. 밭을 갈고 가꾸면 곡식을 수확할 수 있지만, 그대로 내버려두면 잡초만 우거지는 것처럼 무궁무진한 가능성을 그대로 묵히는 꼴이다. 내 안의 가능성을 꽃피우는 데 필요한 것은 오직 배움뿐이다.

---

* 배울 학, 놈 자, 같을 여, 곡식(벼) 화, 같을 여, 벼 도 / 아닐 불, 배울 학, 놈 자, 같을 여, 풀 초, 같을 여, 쑥 호

될 때는 강하게,
안 될 때는 약하게 하는 게 좋다

"술을 마셔야 할 때는 반드시 취하는 것을 방비하고,
크게 노래하여야 할 곳에서는 큰 소리로 노래하여야 한다."

遇飮酒時須防醉, 得高歌處且高歌。
우 음 주 시 수 방 취 , 득 고 가 처 차 고 가

– 得 : '얻다'가 확장되어 '도달하다'의 의미로 쓰인다. 주로 소득, 기득권, 설득에 사용되고 해
탈하여 덕을 얻었다는 사자성어 성불득탈(成佛得脫)도 있다. –

　어쩔 수 없는 상황에서는 문제를 최소화하고, 일을 벌어야 할 때는 판
을 최대한으로 키워야 한다. 문제는 일어나지 않는 것이 가장 좋지만 피
할 수 없는 일이 생겼다면 이를 최소한으로 해결하는 것이 가장 좋다. 그
리고 일을 진행해야 할 때는 크게 이룰 수 있도록 판을 키우고 자신의
역량을 다해야 한다.

＊만날 우, 마실 음, 술 주, 때 시, 모름지기 수, 막을 방, 취할 취 / 얻을 득, 높을 고, 노래 가, 곳 처, 또
　차, 높을 고, 노래 가

절실할 때 준비해 두면
기회를 놓치지 않는다

"바람을 이용해 불을 취하면,
힘이 많이 들지 않는다."

因風吹火, 用力不多。
인 풍 취 화 , 용 력 불 다

누구에게나 기회는 찾아온다. 그러나 아무리 기회가 찾아와도, 그 기회를 잡을 준비가 되어 있지 않다면 그저 지나갈 뿐이다. 바람이 불어올 때, 그때 불을 붙인다면 힘들이지 않고 불을 얻을 것이다. 이처럼 기회를 잘 이용한다면 적은 노력으로도 일을 이룰 수 있다. 절실하다면 언제나 눈을 뜨고 그 기회를 맞이할 준비를 하고 있어야 한다. 성공의 가능성은 기회를 발견하고 잡을 수 있는지의 여부로 정해진다고도 볼 수 있으니 말이다.

* 인할 인, 바람 풍, 불 취, 불 화 / 쓸 용, 힘 력, 아닐 불, 많을 다

진실로 사람을
대해야 마음을 연다

"어부가 이끌지 않았는데,
어찌 파도를 볼 수 있겠는가."

不因漁夫引, 怎能見波濤。
불 인 어 부 인 , 즘 능 견 파 도

　일을 성사시키는 것은 결국 능력이 아니라, 사람이다. 나 혼자의 능력으로 모든 것을 해낼 수는 없다. 사람을 얻어야 일을 성사시킬 수 있는 것이다. 사람의 마음을 안다는 것은 매우 어려운 일이다. 믿음보다는 불신의 골이 깊은 세상 속에 우리는 살고 있다. 사람을 얻기 위해서는 먼저 진실된 마음을 가져야 한다. 내가 거짓되면 상대도 거짓되고, 내가 진실하면 상대도 진실로 나를 대한다.

* 아닐 불, 인할 인, 고기 잡을 어, 지아비 부, 끌 인 / 어찌 즘, 능할 능, 볼 견, 물결 파, 물결 도

바라는 게 없어야
오래 간다

"구하는 것이 없다면 가는 곳마다 인정이 좋고,
마시지 않으면 술값이 비싸도 나와는 상관이 없다."

無求到處人情好, 不飮任他酒價高。
무 구 도 처 인 정 호 , 불 음 임 타 주 가 고

바라는 것이 없으면 어디에서 누구를 만나도 즐겁게 만날 수 있다. 하지만 바라는 것이 생기면 눈치를 보게 되고 관계가 불편해진다. 무엇인가를 바라는 관계는 그 바람이 이루어진다면 관계가 좋게 유지되지만, 그렇지 않을 때는 원활한 관계 유지가 어렵다. 서로가 원하는 것 없이 그저 기분 좋게 교제할 수 있어야 좋은 관계가 길게 갈 수 있다. 그래서 사심 없이 만나 어울렸던 학창 시절의 친구들이 가장 오래 관계를 이어가는 것이다.

* 없을 무, 구할 구, 이를 도, 곳 처, 사람 인, 뜻 정, 좋을 호 / 아닐 불, 마실 음, 맡길 임, 다를 타, 술 주, 값 가, 높을 고

모르는 게
약이다

"아는 일이 적을 때는 번뇌도 적고,
아는 사람이 많은 곳에서는 시비도 많다."

知事少時煩惱少, 識人多處是非多。
지 사 소 시 번 뇌 소 , 식 인 다 처 시 비 다

– 글자를 아는 것이 오히려 근심이 된다는 식자우환(識字憂患)이 있다. 많이 아는 것보다 어설픈 지식으로 고통 받는 경우를 말한다. –

때론 모르는 게 나을 때도 있다. 가진 게 많아지면 이를 잃을까 하는 두려움이 생기기 마련이고, 아는 게 많아지면 이에 따른 고민도 많아지게 된다. 햇빛이 강하면 강할수록 그늘은 더 짙어지듯이, 아는 게 많아지면 보이는 게 더 많아지는 법이다. 그러면 생각도 많아져 걱정할 것들이 자연스럽게 늘어나게 된다. 그저 모르는 대로, 알아도 모르는 척하는 것이 더 나을 때도 있음이다.

＊ 알 지, 일 사, 적을 소, 때 시, 번거로울 번, 번뇌할 뇌, 적을 소 / 알 식, 사람 인, 많을 다, 곳 처, 옳을 시, 아닐 비, 많을 다

말은 어떻게 하느냐에 따라 인정의 씀씀이도 달라진다

"산에서 사람을 해치는 호랑이도 두렵지 않으나,
다만 사람의 인정이 양면 칼인 것처럼 두렵다."

進山不怕虎傷人, 只怕人情兩面刀。
진 산 불 파 호 상 인 , 지 파 인 정 양 면 도

— 進 : '힘쓰다'의 의미로 사용되었다. 호랑이를 어려운 일, 고난, 문제 등에 비유한다면 그건 부딪혀야 할 일이지 절망스러운 건 아니다. 사람이 가장 무서운 존재임을 강조한다. —

　사람의 인정은 너그러울 때는 한없이 너그럽지만, 돌아서면 얼음장보다도 차갑게 변하기도 한다. 그 인정을 따뜻하게 또는 차갑게 만드는 것이 바로 말이니 사람을 대할 때는 항시 말을 아껴하고 조심히 해야 한다. 말 한 마디에 목숨을 걸기도 하지만, 말 한 마디에 남보다 못한 관계가 되어버리기도 하니 말이다.

* 나아갈 진, 메 산, 아닐 불, 두려워할 파, 범 호, 다칠 상, 사람 인 / 다만 지, 두려워할 파, 사람 인, 뜻 정, 두 양, 낯 면, 칼 도

악은 결국
패망한다

"강한 사람 중에 더욱 강한 사람이 있기 마련이니,
악인은 악인끼리 다스리도록 해야 한다."

強中更有強中手, 惡人須用惡人磨。
강 중 갱 유 강 중 수 , 악 인 수 용 악 인 마

– 更 : '고치다'는 원뜻 이외에 다시, 더욱, 도리어 등 부사로서의 활용 빈도가 높은 한자어다.
확장 의미인 '변경되다'는 갱년기, 갱신, 경신 등에 사용된다. –

힘으로 이기려는 자는 힘에 지게 되어 있으며, 악인은 더한 악인에게
당하기 마련이다. 그러니 그저 내버려두고 자신의 길을 걸어가라. 복수는
부질없는 것이며 그에 따른 응보는 당신이 아니라도 자연히 이루어지게
마련이다. 어리석은 자일수록 외적인 강인함에 기대며, 눈앞의 이익에 선
을 외면하는 법이다.

＊강할 강, 가운데 중, 다시 갱, 있을 유, 강할 강, 가운데 중, 손 수 / 악할 악, 사람 인, 모름지기 수, 쓸
용, 악할 악, 사람 인, 갈 마

함께 하기에 즐거운 사람은
재물의 크기로 판단되는 게 아니다

"돈을 쓸 줄 아는 사람은 집의 부유함에 있지 않고,
풍류를 아는 사람은 옷을 잘 입음에 있지 않다."

會使不在家富豪, 風流不用衣著佳。
회 사 불 재 가 부 호 , 풍 류 불 용 의 착 가

　돈은 꼭 많이 쓴다고 잘 쓰는 것이 아니다. 많은 돈을 쓰지 않더라도 적당한 상황에 적절한 돈을 쓰는 것만으로도 다른 이들에게 환영받을 수 있다. 많은 돈을 쓴다 하더라도 함께 하기 싫은 사람이 있는 반면, 돈을 많이 쓰지 않아도 함께 하고 싶은 사람이 있는 것이다. 사람들과의 즐거움은 꼭 돈이나 외부적인 것에 있지 않다. 서로에 대한 배려와 이해, 그것을 우선시해야 한다.

* 모일 회, 하여금 사, 아닐 불, 있을 재, 집 가, 부유할 부, 호걸 호 / 바람 풍, 흐를 류, 아닐 불, 쓸 용, 옷 의, 붙을 착, 아름다울 가

오늘은
다시 오지 않는다

"시간은 화살과 같고,
시절(세월)은 베틀의 북처럼 빠르다."

光陰似箭, 日月如梭。
광 음 사 전 , 일 월 여 사

– 梭 : 베틀의 북은 날실 사이로 오가며 피륙을 짜내는 도구를 가리킨다. –

　　시간은 멈추지 않는다. 누구라도 상대를 봐주지 않고 그저 흘러갈 뿐
이다. 그렇게 흘러간 시간은 모여 지나간 시절이 되는 것이다. 지금 순간
순간 보내버린 시간은 어느새 나의 시절을 데리고 가버리니 지금의 시
간을 결코 헛되이 보내지 마라. 훗날 그 시절을 그저 그렇게 기억하는 것
이 아니라 아름답게 추억하고 싶다면 말이다.

＊빛 광, 그늘 음, 닮을 사, 화살 전 / 날 일, 달 월, 같을 여, 북 사

228

때로는 그늘도 필요하다

8月

이성과 감성 사이

"이성은 친척을 보호하지 않고,
법률은 백성을 위하지 않는다."

理不衛親, 法不爲民。
이 불 위 친 , 법 불 위 민

가능한 일은 이성적으로 하는 것이 좋지만, 이성적으로만 일을 하다 보면 가까운 사람들에게 상처를 주기도 한다. 그들은 객관적인 사실보다 감정적인 공감을 필요로 할 때가 더 많기 때문이다. 그러나 법률은 감정에 호소하지 않는다. 객관적인 사실로만 판단하고 재판을 하려 한다. 하지만 그런 법률까지도 움직이는 것 또한 사람이다. 모든 정의와 도의는 사람에서부터 나오는 것임을 잊어선 안 된다.

＊다스릴 이, 아닐 불, 지킬 위, 친할 친 / 법 법, 아닐 불, 할 위, 백성 민

마음이 부자인 사람은
황금을 찾지 않는다

"황금이 귀한 것이 아니라,
편안한 삶이 가장 값어치 있는 것이다."

黃金未爲貴, 安樂値錢多。
황 금 미 위 귀 , 안 락 치 전 다

재물이 부족할 때만 부족함을 느끼는 것이 아니고, 마음이 허하거나 불안해도 그런 감정을 느낀다. 그러니 아무리 많은 재물을 쌓아 두었더라도 그것이 평온과 안락을 보장하지 않는다. 재산이 많지 않아도 마음이 부자면 백만장자가 부럽지 않고, 황금이 흘러넘쳐도 하루하루가 비관적이고 고단하면 노숙자보다 못한 것이다. 한마디로 삶은 편안한 것이 최고다.

* 누를 황, 쇠 금, 아닐 미, 할 위, 귀할 귀 / 편안 안, 즐길 락, 값 치, 돈 전, 많을 다

책 한 권에는
한 사람의 인생이 담겨 있다

"세상 모든 일이 하찮은 것들이지만,
독서를 통해 생각하고 뜻을 얻는 것은 고귀한 일이다."

世上萬般皆下品, 思量惟有讀書高。
세 상 만 반 개 하 품 , 사 량 유 유 독 서 고

— 皆 : '모두', '함께'를 뜻하며 개근, 개기일식에 사용된다. —

책을 읽는 것만큼 고귀한 일도 없을 것이다. 책은 저자의 시간과 경험을 대신 습득할 수 있는 최고의 도구다. 몇 년, 또는 평생의 경험을 한 권의 책으로 대신 체험하고 얻을 수 있기 때문이다. 그대가 시간을 가장 유용하고 알차게 보내는 방법을 묻는다면 망설임 없이 독서를 권하겠다. 세상의 모든 질문과 답이 책에 담겨 있으니 말이다.

＊ 인간 세, 윗 상, 일 만 만, 일반 반, 다 개, 아래 하, 물건 품 / 생각 사, 헤아릴 량, 생각할 유, 있을 유, 읽을 독, 글 서, 높을 고

책을 최대한 활용하면
시간을 아낄 수 있다

"세상에 좋은 말은 책에 담겨 있으며,
천하의 명산은 스님이 차지하였다."

世間好語書談盡, 天下名山僧占多。
세 간 호 어 서 담 진 , 천 하 명 산 승 점 다

– 占 : '차지하다'의 의미가 강해 점거, 독점, 점유 등에 사용된다. 스님이 무엇을 점령하고 차지하는 것보다 확장 의미인 '헤아리다'로 받아들이면 된다. –

책만 있으면 좋은 말을 듣기 위해 사람들을 찾아다닐 돌아다닐 필요가 없다. 그리고 알고 싶은 것을 찾기 위해 발품을 팔며 시간을 허비하지 않아도 책을 통해서 충분히 알아낼 수 있다. 현인들의 슬기부터, 우주 밖 세상에 대한 정보까지 당신이 찾는 모든 것은 책에 있다. 좋은 것을 받아들이고 찾을 의지만 있다면 책이야말로 가장 훌륭한 스승이 될 것이다.

* 인간 세, 사이 간, 좋을 호, 말씀 어, 글 서, 말씀 담, 다할 진 / 하늘 천, 아래 하, 이름 명, 메 산, 중 승, 점령할 점, 많을 다

불안하고 두려운 자신을 만들려면
악행이 가장 좋은 방법이다

"선을 행하면 즐거운 일이고,
악을 행하면 도망가기 어렵다."

爲善最樂, 爲惡難逃。
위 선 최 락 , 위 악 난 도

선행을 해 본 사람은 이 즐거움을 안다. 누군가 알아주지 않아도 스스로가 기특하고, 누군가가 자신에게 감사함을 표할 때 드는 감정은 가히 다른 무엇으로 대신할 수 없는 감정이다. 그러나 악행을 하면 아무도 그를 몰라도 스스로 불안하고 두렵다. 즐거운 삶을 살고 싶다면 크고 작은 선행을 일상화하고, 평안한 삶을 살고 싶다면 악행을 멀리 해야 한다.

＊할 위, 착할 선, 가장 최, 즐길 락 / 할 위, 악할 악, 어려울 난, 도망할 도

나를 찾는 사람이 많다는 건
내가 좋은 사람이기 때문이다

"좋은 사람은 서로 만나려 하고,
나쁜 사람은 서로 피하려 한다."

好人相逢, 惡人回避。
호 인 상 봉 , 악 인 회 피

— 回 : '돌아오다'가 '돌이키다', '마음이 변하다'로 확장되었다. 약속을 어기거나 만남을 피할 때 사용되기도 한다. 회피, 우회, 회수, 회귀 등이 있다. —

군이 자신을 좋은 사람이라고 하지 않아도 좋은 사람은 서로 찾는 법이고, 나쁜 사람은 멀리 하는 법이다. 자신을 찾는 사람들이 많다면 귀찮아하고 피곤해하기보다 감사히 여기고 그런 사람들을 소중히 여겨야 한다. 그들은 당신을 좋은 사람으로 여기고 인정해 준다는 것일 테니 말이다. 누군가 자신을 좋게 평가하는 데 감사하지 않을 이유가 어디 있겠는가.

---

* 좋을 호, 사람 인, 서로 상, 만날 봉 / 악할 악, 사람 인, 돌아올 회, 피할 피

부모의 은혜는
금수도 안다

"양도 젖을 먹인 어미의 은혜를 알고,
까마귀는 먹이를 물어다 준 어미의 은혜를 갚는다."

羊有跪乳之恩, 鴉有反哺之情。
양 유 궤 유 지 은 , 아 유 반 포 지 정

　　금수도 부모의 은혜를 알아 보은하는 법인데, 하물며 사람이 자신을 낳고 길러 준 부모의 은혜를 몰라서야 되겠는가. 세상에 당연한 것은 없다. 낳았으니 당연히 사랑해주고 길러 줘야 한다는 것은 없단 것이다. 그저 자식이기에 늘 사랑하고 아낌없이 내어 주는 것이지만, 자식이니까 당연하게 그것을 받아서는 안 될 일이다. 항상 감사하고 존경하는 마음으로 부모를 대하여야 한다.

＊양 양, 있을 유, 꿇어앉을 궤, 젖 유, 갈 지, 은혜 은 / 갈까마귀 아, 있을 유, 돌이킬 반, 먹일 포, 갈 지, 뜻 정

남을 존중하지 않으면
나 역시 존중받지 못한다

"자중할 줄 아는 자는 남도 그를 존중하고,
남을 경시하는 자는 스스로를 경시하게 되는 것이다."

自重者然後人重, 人輕者便是自輕。
자 중 자 연 후 인 중 , 인 경 자 편 시 자 경

중도의 길을 걷기란 여간 어려운 일이 아닐 수 없다. 그렇기에 절제하고 인내하는 사람은 자연히 많은 사람들의 존경과 존중을 받게 된다. 반대로 남을 경시하고 험담하는 자는 자신이 타인을 포용할 만한 관용이 없음을 증명하는 것이므로 자연히 자신도 경시 당하게 되는 법이다. 자신이 하는 모든 말과 행동은 결국 자기 자신에게 돌아오므로 이는 나를 비추는 거울인 셈이다.

* 스스로 자, 무거울 중, 놈 자, 그럴 연, 뒤 후, 사람 인, 무거울 중 / 사람 인, 가벼울 경, 놈 자, 편할 편,
옳을 시, 스스로 자, 가벼울 경

나무를 키우기 위해선
그늘도 필요하다

"타인의 악행은 숨겨주고 선행은 드러내되,
그 양쪽을 적절히 취하라."

隱惡揚善, 執其兩端。
은 악 양 선 , 집 기 양 단

타인의 단점은 가려주고, 장점은 크게 봐주어야 한다. 하지만 언제나
그렇듯 과한 것은 아니 함만 못하다. 단점을 지나치게 가려주는 것은 상
대를 기만하는 행위이며, 장점을 너무 크게 말하면 상대를 교만하게 만
드는 것이다. 정말 상대를 위한다면 장점과 단점을 적절히 짚어주도록
해야 한다. 식물을 키울 때 햇빛과 물을 주는 것도 중요하지만 적당한
비바람이 강인하게 만들어 주는 법이다.

＊ 숨을 은, 악할 악, 날릴 양, 착할 선 / 잡을 집, 그 기, 두 양, 끝 단

장점을 알아주면
인정받고 싶어진다

"아내가 어질면 남편의 화가 적고,
아들이 효성스러우면 아비의 마음은 너그러워진다."

妻賢夫禍少, 子孝父心寬。
처 현 부 화 소 , 자 효 부 심 관

– 비슷한 사자성어로 일생을 존경하고 사모하여 내 몸을 의탁한다는 뜻의 '앙망종신(仰望終身)'이 있다. 또한 남편이 아내의 벼리가 된다는 '부위부강(夫爲婦綱)'도 함께 쓰인다. 벼리는 그물의 위쪽 코를 꿰어 오므렸다 폈다하는 줄을 가리킨다. 즉, 부부는 서로 공경해야 함을 뜻한다. –

　사람은 누구나 자신을 인정해 주는 곳에서 최선을 다하고 싶어진다. 자신을 크게 봐주고 인정해 주는 아내에게는 그만큼의 모습을 보이고 싶어 하기 마련이고, 존경하는 자식에게는 존경스러운 아비가 되려 하는 마음이 피어나기 마련이다. 그러니 누가 되었든 부족한 것만을 보며 책망하지 말고, 이미 가진 장점을 크게 칭찬해 주고 먼저 큰 인물로 봐주도록 하자.

---

* 아내 처, 어질 현, 지아비 부, 재앙 화, 적을 소 / 아들 자, 효도 효, 아버지 부, 마음 심, 너그러울 관

아쉬움은
다시 시작하라는 신호이다

"이미 엎어진 물은,
다시 담을 수 없다."

已覆之水, 收之實難。
이 복 지 수 , 수 지 실 난

– 비슷한 사자성어는 '복수불반(覆水不返)'이 있다. –

　　지나온 길에 대한 아쉬움으로 앞에 놓인 돌부리를 보지 못한다면 그
만큼 어리석은 일도 없을 것이다. 지나온 길을 바라보며 후회만 하고 있
다 해서 달라지는 것은 없다. 지나간 것은 이미 흘러간 것이다. 지금 주
어진 것, 또 나아갈 것에 집중하라. 그리하여 지금과 같은 아쉬움을 더
는 남기지 않도록 하는 것이 지금 해야 할 일이다.

＊ 이미 이, 다시 복, 갈 지, 물 수 / 거둘 수, 갈 지, 열매 실, 어려울 난

리더는 확실하게
말해야 한다

"자신이 신중하지 아니하면,
주변을 혼란스럽게 한다."

自身不謹, 擾亂四鄰。
자 신 불 근 , 요 란 사 린

누군가의 결정은 다른 사람에게 좋든 싫든 영향을 끼치게 된다. 더군
다나 어느 그룹에서 리더의 위치에 있는 사람의 결정은 더욱 그러하다.
그의 결정과 말 한 마디는 주변 사람들을 동요시키고 변화하게 만든다.
그렇기에 결정을 쉽게 번복한다면 주변 사람들에게 혼란을 주고 불안
하게 하므로 결정을 내릴 때는 신중하게 하고, 말은 확실해졌을 때 해야
한다.

* 스스로 자, 몸 신, 아닐 불, 삼갈 근 / 시끄러울 요, 어지러울 란, 넉 사, 이웃 린

건강한 신체보다
값진 보물은 없다

"몸이 상하게 하는 일은 하지 말고,
마음이 상하게 하는 말은 하지 마라."

傷身事莫做, 傷心話莫說。
상 신 사 막 주 , 상 심 화 막 설

– '지을 주(做)'는 직무를 맡다, '말씀 화(話)'는 이야기 그리고 '말씀 설(說)'은 말로 사용되었
다. '화'는 대화, 전화, 신화, 통화 등 일상적인 의미가 강하고 '설'은 연설, 설득 등 형식적인 서
술 내용이 많다. –

　현대인에게 평생직장이란 없으니 언제 어느 때에 어떤 일을 하게 될지
모른다. 그러므로 다른 일을 해야 할 때 몸이 상하여 일을 못 하는 경우
가 없도록 평소에 몸을 잘 돌봐야 한다. 그리고 말은 하되 다른 이에게
지워지지 않는 상처를 주지 않도록 하라. 몸이 건강하고, 말을 조심히 한
다면 어디서 누구와 무엇을 새로 시작한다 하더라도 금세 잘할 수 있다.

＊다칠 상, 몸 신, 일 사, 없을 막, 지을 주 / 다칠 상, 마음 심, 말씀 화, 없을 막, 말씀 설

찔러보는 식의 관심은
삼가는 게 좋다

"보기는 쉬워도,
배우기는 어렵다."

見者易, 學者難。
견 자 이 , 학 자 난

─ 者 : 놈. 사람을 가리키는 게 아니라 접속사 '～면'으로 쓰였다. ─

어떤 문제든 내 문제가 아닐 때는 가벼워 보이고, 직접 그 일을 하지 않을 때는 쉬워 보이는 법이다. 내 일이 아닐 때는 결코 가벼이 말하지 말고, 직접 해결해 줄 것이 아니라면 함부로 훈수를 두지 말아야 한다. 보기에 쉬워 보여도, 이 세상에 하찮게 여겨도 되는 일은 없다는 것을 기억해 두자.

* 볼 견, 놈 자, 쉬울 이 / 배울 학, 놈 자, 어려울 난

선택은 그리움의
다른 이름이다

"고요한 것을 싫어하면서 시끄러운 것을 생각하고,
시끄러운 것을 싫어하면서 또 산을 기억한다."

厭靜還思喧, 嫌喧又憶山。
염 정 환 사 훤 , 혐 훤 우 억 산

– 喧 : '지껄이다'는 뜻의 한자어인 '훤'은 잘 쓰이지 않는다. '입 구(口)'에 '베풀 선(宣)'을 합하여 만들어진 한자어다. 입만 살아서는 베풀지 못한다는 뜻을 지니고 있다. 시끄럽다는 뜻의 '요'가 들어간 '요란', '소요' 등이 쉽게 사용된다. –

사람의 마음은 갈대 같아서 더우면 시원한 걸 찾고, 시원하면 따스한 걸 찾는다. 그러니 쉬이 무언가를 외면하거나 버리지 말고, 만약의 때를 대비해 두는 것이 좋다. 떠나기로 했다면 쉬이 돌아올 생각으로 행동에 옮기지 말고, 떠났다면 자꾸 뒤를 돌아보지 마라.

＊ 싫어할 염, 고요할 정, 돌아올 환, 생각 사, 지껄일 훤 / 싫어할 혐, 지껄일 훤, 또 우, 생각할 억, 메 산

내려놓으면
마음이 편해진다

"마음이 정해진 후로부터,
안연하지 않은 곳이 없다."

自從心定後, 無處不安然。
자 종 심 정 후 , 무 처 불 안 연

원효대사의 해골 물처럼 모든 것은 마음가짐으로 인해 달라진다. 원효대사가 밤새 마신 물이 해골 물이란 걸 몰랐다면 그는 갈증을 해소시켜 줬던 물에 대한 감사함과 청량감만을 간직했을 것이다. 그러나 해골 물이란 것을 뒤늦게 알아서 역겨워하며 마셨던 물을 토해내려 했다. 지금 근심하는 모든 일 역시 마음을 내려놓지 못했기 때문에 자신을 옭아매는 것이다. 그것에 대한 미련과 아쉬움을 내려놓으면 이제 그것이 어찌 되든 아무 상관없게 된다. 모든 것은 외부적인 변화가 아니라, 그것을 받아들이는 마음에서부터 시작되는 것이다.

* 스스로 자, 좇을 종, 마음 심, 정할 정, 뒤 후 / 없을 무, 곳 처, 아닐 불, 편안 안, 그럴 연

사냥감을 노리는 맹수처럼
기회를 기다려라

"쉽게 얻으려 한다면,
빈틈을 노리며 지켜보라."

莫將容易得, 便作等閒看。
막 장 용 이 득 , 편 작 등 한 간

  기회는 기다리는 자의 몫이다. 아직 익지 않은 과일은 수확을 한다 해
도 먹을 수 없듯이 무리하게 일을 진행하려 한다면 일이 틀어지거나, 성
사시켜 놓고도 소소한 문제가 생기기 마련이다. 기다림도 전략이다. 적
당한 때를 맞는다면 크게 힘들이지 않고도 손쉽게 일을 해결할 수 있다.
서두르지 말고 사냥감을 노리는 맹수처럼 숨죽여 기다리다가, 번뜩이는
기회를 잡기 위해 뛰쳐나가야 한다.

＊ 없을 막, 장수 장, 얼굴 용, 쉬울 이, 얻을 득 / 편할 편, 지을 작, 무리 등, 한가할 한, 볼 간

한 발 물러나 상황을 지켜볼 필요도 있다

"신중을 기울여도 일이 자꾸 어긋난다면
한 걸음 물러나 너그러이 생각해 보아야 한다."

用心計較般般錯, 退後思量事事寬。
용 심 계 교 반 반 착 , 퇴 후 사 량 사 사 관

　　나름 신중을 기하고 조심하고 있음에도 계속 문제가 발생한다면 한 걸음 물러나 과정이 아닌, 일 전체를 다시 검토하고 점검해야 한다. 과정에 문제가 없었더라도 일 자체의 의도나 시작에 문제가 있었다면 아무리 과정을 신중히 하고 조심히 여긴다 하더라도 크고 사사로운 문제가 계속 발생하게 된다. 충분히 신중했는데도 문제가 있다면 근본적인 원인을 찾아보아야 할 것이다.

---

* 쓸 용, 마음 심, 셀 계, 견줄 교, 가지 반, 가지 반, 어긋날 착 / 물러날 퇴, 뒤 후, 생각 사, 헤아릴 량, 일 사, 일 사, 너그러울 관

사람은 살아가는 게
비슷하다

"각자 가는 길의 차이는 있지만,
집안을 꾸려나가는 것은 매한가지다."

道路各別, 養家一般。
도 로 각 별 , 양 가 일 반

세상 사람들이 모두 다른 삶을 살아가는 것처럼 보이지만, 사람의 삶에는 동일성이 있다. 누군가의 자녀로 태어나서 성장하고, 누군가를 사랑하여 결혼을 하고, 자녀를 낳고 늙어간다. 소소한 부분은 각자 조금씩 다르지만 크게는 대부분 이런 식으로 삶이 흘러간다. 그렇기에 부모, 형제, 사랑에 관한 이야기에 많은 사람이 공감하는 것이다. 나의 이야기가 너의 이야기 같고, 너의 경험이 나의 경험과 크게 다르지 않아서 말이다. 그렇기에 우리는 더욱 서로를 배려하고 이해하며 살아가야 한다.

＊ 길 도, 길 로, 각각 각, 다를 별 / 기를 양, 집 가, 한 일, 일반 반

씀씀이는 쉽게
줄여지지 않는다

"검소하게 살다가 사치스럽게 변하기는 쉬우나,
사치스럽게 살다가 검소하게 되는 것은 어렵다."

由儉入奢易, 從奢入儉難。
유 검 입 사 이 , 종 사 입 검 난

씀씀이가 커진다는 것은 바가지에 물이 새는 구멍이 커지는 것과 같은 이치이다. 한 번 뚫린 구멍이 점점 커지듯이 씀씀이를 키우기는 쉽다. 그러나 커져버린 씀씀이를 다시 줄이기는 여간 어려운 일이 아니다. 분수에 넘치는 호사를 부리다가도 형편이 어려워져서 허리띠를 졸라매야 할 때가 닥칠지 모른다. 그럴 때가 오기 전에 훗날을 미리 생각하여 사치를 멀리해야 할 것이다.

* 말미암을 유, 검소할 검, 들 입, 사치할 사, 쉬울 이 / 좇을 종, 사치할 사, 들 입, 검소할 검, 어려울 난

말의 무게를
지켜내야 군자이다

"소인은 입을 살찌우고,
군자는 몸을 살찌운다."

小人肥口, 君子肥身。
소 인 비 구 , 군 자 비 신

― 肥 : '살찌다'가 확장되어 '넉넉해지다', '두텁게 하다'로 쓰인다. 너무 넉넉해서 반대인 경우
가 생기니 '얇게 하다', '헐뜯다'의 의미도 지닌다. 소인은 입이 가볍고, 남을 헐뜯는 사람으로
이해하는 게 적절하다. ―

　속이 빌수록 소리는 요란한 법이다. 얕게 아는 자일수록 떠벌리고 다
니지만, 깊게 아는 자는 헛되이 말하지 않는다. 말하기는 쉬우나, 그 말
의 무게를 지켜 나가는 것은 얼마나 어려운지를 알기 때문이다. 그러므
로 말하기보다는 스스로를 채우는 것에 더 집중하고 노력해야 한다.

＊ 적을 소, 사람 인, 살찔 비, 입 구 / 군자(임금) 군, 아들 자, 살찔 비, 몸 신

내가 가진 능력의
무한한 가치를 알아야 한다

"땅은 이름 없는 자를 태어나게 하지 않고,
하늘은 길 없는 자를 태어나게 하지 않는다."

地不生無名之輩, 天不生無路之人。
지 부 생 무 명 지 배 , 천 불 생 무 로 지 인

　세상에 의미 없이 태어난 자는 없다. 세상 모든 이들은 각자 재능을 가지고 태어난다. 그리고 그 재능으로 세상에 자신만의 무언가를 남기게 된다. 종종 자존감이 낮아 자신을 하찮게 여기는 사람들이 있는데, 그것은 자신의 자질을 깨닫지 못해서 그런 것이다. 자신에게도 많은 사람을 행복하게 만들 수 있는 능력이 있으며, 존재해야 할 소중한 가치가 있음을 알아야 한다.

---

* 땅 지, 아닐 부, 날 생, 없을 무, 이름 명, 갈 지, 무리 배 / 하늘 천, 아닐 불, 날 생, 없을 무, 길 로, 갈 지, 사람 인

땀이 없는
결실은 없다

"도박을 믿으면,
집을 팔게 된다."

信了賭, 賣了屋。
신 료 도 , 매 료 옥

– 了 : 양손이 없는 아이의 모양이다. '마치다', '끝나다'가 확장되어 '결말을 내다', '명백하다', '똑
똑하다'로 사용된다. 격언에서는 '끝'이라는 의미로 쓰였고 '분명히'라는 강제성을 띄고 있다. –

헛된 가능성에 기대를 걸지 말고, 빈 땅에 열매가 맺어지기를 기다리
지 마라. 결실은 그대의 노력에 의한 것이고, 그대가 뿌린 씨에서부터 만
들어진 것이다. 세상에 주어진 모든 것은 그저 주어지는 것이 아니다. 홍
시를 얻으려고 감나무 밑에 누워서 열매가 떨어지기를 기다릴 것이 아
니라, 직접 나서서 땀을 흘려야 얻을 수 있음을 명심하자.

＊ 믿을 신, 마칠 료, 내기 도 / 팔 매, 마칠 료, 집 옥

한 권의 책을 읽는 건
한 명의 친구를 사귀는 것과 같다

"새로운 책을 읽는 것은 좋은 친구를 만나는 것과 같고,
읽었던 책을 읽는 것은 오랜 친구를 만나는 것과 같다."

讀書未見書如逢良友,
독 서 미 견 서 여 봉 량 우

見人讀書如逢故人。
견 인 독 서 여 봉 고 인

　책은 누군가의 사상이자 신념이다. 책을 손에 드는 것은 저자를 만나는 것이고, 책을 읽으면 저자와 대화를 하는 것이다. 가 보지 못한 곳을 책으로 대신 가 보고, 만나고 싶은 사람은 책으로 대신 만나라. 지혜를 주는 친구를 언제 어디서나 사귀고 싶다면, 책을 펼쳐라. 책은 항상 그대를 기다리고 있다.

＊ 읽을 독, 글 서, 아닐 미, 볼 견, 글 서, 같을 여, 만날 봉, 어질 량, 벗 우 / 볼 견, 사람 인, 읽을 독, 글 서, 같을 여, 만날 봉, 연고 고, 사람 인

함부로 훈수 두면
장기판이 깨진다

"보기에 만만해 보여도,
나서서 간섭하지 마라."

他人碌碌, 不涉你足。
타 인 록 록 , 불 섭 니 족

– '碌碌'은 '녹록치 않다'로 활용된다. 만만하지 않고 상대하기 어렵다는 데 쓰인다. 혼동하기 쉬운 서술어로 '녹녹하다'가 있다. 한글로 된 형용사이며 촉촉한 기운이 있음을 뜻한다. –

　자신의 눈에는 별거 아닌 것처럼 보여도 당사자에게는 죽을 만큼 힘든 일일 수 있다. 결코 자신의 잣대에 맞춰 함부로 판단하지도 단정 지어서도 안 될 일이다. 자신이 같은 상황에 놓였을 때 그보다 더 현명하게 대처할 수 있다고 장담할 수 있는가. 장기는 훈수 두는 자가 더 잘 보이는 법이라는 말도 있지만, 무책임하게 훈수를 두었다가 일을 그르치게 만들 수도 있다.

＊ 다를 타, 사람 인, 푸른 돌 록, 푸른 돌 록 / 아닐 불, 건널 섭, 너 니, 발 족

결과의 차이는
'어떻게'란 질문에서 시작된다

"누가 자손이 현명한 것을 좋아하지 않을 것이며,
누가 천 종의 재물을 좋아하지 않으랴."

誰人不愛子孫賢, 誰人不愛千鍾粟。
수 인 불 애 자 손 현 , 수 인 불 애 천 종 속

누구나 살아가는 방식이나 좋아하는 것은 비슷하다. 그저 그것을 위해 어떤 걸 얼마나 할 수 있느냐에 따라 결과가 다르게 나올 뿐이다. 자식이 현명하길 바라는 건 부모의 한결같은 마음이지만 그를 위해 무엇을 얼마나 어떻게 할 수 있느냐에 따라 결과의 차이가 생기는 것이다. 재물이 풍족하길 바라는 건 거의 모든 이의 바람이지만, 얼마나 노력할 수 있느냐에 따라 취하는 재물의 양이 달라질 테니 말이다.

* 누구 수, 사람 인, 아닐 불, 사랑 애, 아들 자, 손자 손, 어질 현 / 누구 수, 사람 인, 아닐 불, 사랑 애, 일천 천, 쇠북 종, 조 속

나쁜 일에 대비할 시기는
좋은 일이 생겼을 때이다

"복이 가득할 때는 화가 있을 것을 방비해야 하고,
흉이 많을 때는 헤아려 다툼이 없도록 해야 한다."

福滿須防有禍, 凶多料必無爭。
복 만 수 방 유 화 , 흉 다 료 필 무 쟁

좋은 일에는 이에 따른 나쁜 일을 대비하여야 하고, 나쁜 일에는 더 큰 위험을 방비해야 한다. 안주하는 순간 위기에 직면할 수 있고, 이는 위기를 불러들이는 것이나 마찬가지다. 어려움이 닥쳤을 때는 마음을 차분히 하고, 걱정이 없을 때도 늘 겸손하게 행동하며 나쁜 일을 철저히 대비해야 한다.

＊ 복 복, 찰 만, 모름지기 수, 막을 방, 있을 유, 재앙 화 / 흉할 흉, 많을 다, 헤아릴 료, 반드시 필, 없을 무, 다툴 쟁

입에 쓴 음식이
나를 이롭게 한다

"입을 상쾌하게 하는 음식을 많이 먹으면 병이 되고,
마음을 쾌활하게 하는 일을 많이 하면 재앙을 만난다."

爽口食多偏作病, 快心事過恐遭殃。
상 구 식 다 편 작 병 , 쾌 심 사 과 공 조 앙

– 作 : '짓다', '만들다'가 확장되어 '행동하다', '일어나다'가 되었다. 또한 '일으키다'는 부정어
및 좋지 않은 상황과도 주로 함께 쓰인다. 부작용, 침식작용 등이 있다. –

　입에 쓴 음식이 몸에는 이로운 법이고, 귀에 쓴 인재가 나를 위하는
법이다. 오직 자신의 입에 맞고, 귀에 단 소리만 찾아다닌다면 어느새 돌
이킬 수 없을 만큼 망가져 있는 자신을 발견하게 된다. 음식이든 사람이
든 진정 무엇이 자신을 위하고 있는지를 돌이켜 보라.

＊ 시원할 상, 입 구, 밥 식, 많을 다, 치우칠 편, 지을 작, 병 병 / 쾌할 쾌, 마음 심, 일 사, 지날 과, 두려
울 공, 만날 조, 재앙 앙

선의로 시작했다면
보상은 잊어야 한다

"일을 행하는 데는 덕을 가지되,
그 앞길은 묻지 마라."

行事存德, 莫問前程。
행 사 존 덕 , 막 문 전 정

– 程 : '길' 보다 '한도'로 많이 사용된다. 정도, 과정, 일정 등 어떤 법칙과 규정을 지니며 나아갈 때 활용된다. 덕을 가졌다고 해서 막무가내로 돌진하라는 건 아니다. 길도 여러 갈래이듯이 방향을 잡고 움직이라는 의미가 포함되어 있다. –

어떤 일이든 선의와 덕을 가지고 할 뿐, 그에 따른 보상이나 결과는 고려하지 마라. 초심이 선하다면 나머지 일은 하늘에 맡길 따름이다. 보상만을 좇아 일을 하다 보면 초심을 잃게 되고, 원래 가려던 길과는 다른 길에 들어서게 된다. 가려던 길이 아닌 길을 가게 되면 결국 길을 잃고 헤매게 되는 경우가 다반사니, 처음 가려던 길을 고수하여야 할 것이다.

＊ 다닐 행, 일 사, 있을 존, 덕 덕 / 없을 막, 물을 문, 앞 전, 길 정

위기의 순간에
가장 강력한 힘이 나온다

"하천이 좁아지면 물살이 빨라지고,
사람이 급해지면 지혜가 생겨난다."

河狹水緊, 人急智生。
하 협 수 긴 , 인 급 지 생

우스갯소리로 '일은 닥치면 하게 된다'는 말이 있다. 평소에는 어렵고 꺼리는 일이라 할지라도 피할 수 없고 급해지면 해내게 된다는 의미이다. 사람에게는 무궁무진한 잠재 능력이 있기에 어떤 일에도 길을 찾아 나갈 수 있다. 위기의 순간에 초인적인 힘으로 어려움에 처한 이를 구해 내는 것처럼, 급한 일에는 생각지도 못한 지혜가 나오기 마련이다. 아직 발견하지 못하고 있을 뿐, 누구나 그런 능력을 지니고 있다.

＊물 하, 좁을 협, 물 수, 긴할 긴 / 사람 인, 급할 급, 지혜 지, 날 생

무서움을 알려고
호랑이 굴에 갈 이유는 없다

"산에 호랑이가 있음을 분명히 안다면,
호랑이가 있는 산으로 가지 마라."

明知山有虎, 莫向虎山行。
명 지 산 유 호 , 막 향 호 산 행

호랑이가 있는 것을 뻔히 아는 산을 굳이 올라 화를 자초할 필요는 없다. 좋지 않은 결과가 명백히 보이는 일을 기어이 하려 하다 화를 입어 후회할 일을 만들 필요는 없다는 것이다. 그렇다고 너무 보장된 일만 쫓아다녀서는 성장할 수 없다. 도전에는 적당한 용기와 적절한 이성이 조화를 이뤄야 함을 잊지 말자.

＊밝을 명, 알 지, 메산, 있을 유, 범 호 / 없을 막, 향할 향, 범 호, 메산, 다닐 행

인내는 쓰고 열매는 달다

9月

지나친 생각은
일을 망치게 한다

"길은 가지 않으면 도달하지 못하고,
일은 하지 않으면 이루어지지 않는다."

路不行不到, 事不爲不成。
로 불 행 불 도 , 사 불 위 불 성

생각만 하고 있어서는 아무것도 바뀌지 않는다. 변화는 생각에 따른 행동이 있어야 비로소 실현되는 것이다. 아무리 많은 기회가 주어져도 그것을 잡고 행동할 의지가 없으면 허상에 불과하다. 변화가 필요하다면 행하고, 행함으로써 그 꿈을 이뤄라. 그대의 작은 움직임이 모든 것을 변화시키기 시작할 것이다.

＊ 길 로, 아닐 불, 다닐 행, 아닐 불, 이를 도 / 일 사, 아닐 불, 할 위, 아닐 불, 이룰 성

깨달음은
잃은 뒤에 찾아온다

"돈이 없어야 비로소 술을 끊고,
늙고 나서야 비로소 경을 읽는다."

無錢方斷酒, 臨老才讀經。
무 전 방 단 주 , 임 로 재 독 경

무언가를 잃고 나서야 깨닫게 되는 것은 후회를 동반하는 법이다. 깨달음은 필요한 것이고 좋은 것이지만, 이런 식의 깨달음은 깊은 반성과 후회로 스스로를 한탄하게 만든다. 깨달을 때까지 꼭 무언가를 잃어야 하는 것은 아니다. 주위를 둘러보거나, 귀를 기울여 보면 그 길을 지나온 많은 이들의 조언을 들을 수 있다. 항상 귀를 열고 자신을 점검한다면 무언가를 잃기 전에 더 나은 선택을 반드시 할 수 있을 것이다.

* 없을 무, 돈 전, 모 방, 끊을 단, 술 주 / 임할 임, 늙을 로, 재주 재, 읽을 독, 글 경

내가 버린 물건이 누군가에겐
소중한 보물이 될 수 있다

"아무리 칠층탑의 불이라도,
어두운 곳에서의 등 하나보다는 못하다."

點塔七層, 不如暗處一燈。
점 탑 칠 층 , 불 여 암 처 일 등

억만장자가 가진 백만 원, 천만 원의 돈보다 무일푼의 사람에게는 만 원이 더 소중하게 여겨지는 법이다. 각자에게 가치 있는 것이 반드시 값에 비례하는 것은 아니다. 누군가에게는 백지수표보다 한 사람의 친구가 필요하기도 하고, 드넓은 대지보다 오늘을 버틸 건강이 필요한 사람도 있다. 소중한 것의 기준은 사람마다 다른 법이니 내게 아무것도 아닌 것처럼 보이는 것이라도 누군가가 필요로 한다면 기꺼이 내어 주도록 하라.

＊불 붙일(점) 점, 탑 탑, 일곱 칠, 층 층 / 아닐 불, 같을 여, 어두울 암, 곳 처, 한 일, 등 등

눈 가리고 아웅 하는 식의 만남은 지양해야 한다

"만사를 사람에게 권할 때는 속이려 들지 마라.
그대의 머리 위에서 하늘이 지켜보고 있다."

萬事勸人休瞞昧, 擧頭三尺有神明。
만 사 권 인 휴 만 매 , 거 두 삼 척 유 신 명

누군가에게 무언가를 권할 때는 항상 선의를 담아 행해야 한다. 진실과 진심은 분명 드러난다. 단지 그때가 빠르냐 늦느냐의 차이일 뿐, 분명 전해지게 된다. 그러니 눈앞의 이익을 위해 눈을 가리지 말고, 당장은 몰라주더라도 스스로에게 당당할 수 있게 그저 선의를 담아 행하도록 하자. 그것은 세상에 씨앗을 뿌려 두는 일이 된다.

---

* 일 만 만, 일 사, 권할 권, 사람 인, 쉴 휴, 속일 만, 어두울 매 / 들 거, 머리 두, 석 삼, 자 척, 있을 유, 귀신 신, 밝을 명

자손에게는 경작법만 가르쳐도 충분하다

"단지 조그만 땅만을 보존하고,
자손에 물려주어 경작하도록 하라."

但存方寸地, 留與子孫耕。
단 존 방 촌 지 , 류 여 자 손 경

아무리 좋은 스승을 두었다 하더라도 경험보다 좋은 스승은 없다. 좋은 신념과 생각을 갖고 있는 부모라 하더라도 이를 강제적으로 물려줄 수는 없다. 그저 부모로서 자신들이 살아가는 모습을 보여 주고, 다양한 세상을 보여 줌으로써 자신의 길을 찾고 자녀에게 삶의 방식과 신념을 찾아갈 수 있도록 끌어주기만 하면 될 뿐이다. 답은 스스로가 찾아가야 한다. 부모는 그저 답을 찾을 수 있는 시간과 기회를 주는 것이 최선이다.

＊다만 단, 있을 존, 모 방, 마디 촌, 땅 지 / 머무를 류, 더불 여, 아들 자, 손자 손, 밭 갈 경

266

벼슬을 탐할수록
어리석어진다

"총명하게 살아도 부족할 판에
어리석게 벼슬길에 오르려 말라."

惺惺多不足, 蒙蒙作公卿。
성 성 다 부 족 , 몽 몽 작 공 경

그저 평범하게 살아갈지라도 늘 학문을 쌓고 은혜를 베풀면 그것은
벼슬 없는 재상과도 같다. 아무리 높은 자리에 있다 하더라도 야망에 휩
싸여 살아간다면 벼슬을 얻지 아니한 만 못하다. 더군다나 높은 자리에
오를수록 그런 유혹에 빠지기 쉬우니 유혹을 이겨낼 자신이 없다면 처
음부터 오르지 않는 것이 낫다. 현명하게 사는 것에 지위는 의미가 없으
니 말이다.

＊ 깨달을 성, 깨달을 성, 많을 다, 아닐 부, 발 족 / 어두울 몽, 어두울 몽, 지을 작, 공평할 공, 벼슬 경

죽음도
양면성을 띈다

"삼십에 죽는 것은 두렵지 않으나,
단지 죽은 후 이름을 남기지 못할 것을 두려워한다."

不怕三十而死, 只怕死後無名。
불 파 삼 십 이 사 , 지 파 사 후 무 명

사람의 삶은 생의 길이에 따라 그 가치가 나눠지는 것이 아니다. 때론 죽음이 더 많은 것을 남기고, 세상을 바꾸는 데 영향을 주기도 한다. 부당한 젊은이의 죽음에 세상의 법이 바뀌기도 하고, 고독하게 세상을 떠난 노인의 죽음에 현재를 반성하기도 한다. 그리고 화재 현장에서 시민을 구조하다 안타까운 목숨을 잃은 소방관처럼 의로운 죽음도 있다. 그저 살아가는 것이 아니라, 내가 죽은 뒤에 어떤 의미를 이 땅에 남길 것인지를 항상 염두에 두어야 한다.

* 아닐 불, 두려워할 파, 석 삼, 열 십, 말 이을 이, 죽을 사 / 다만 지, 두려워할 파, 죽을 사, 뒤 후, 없을 무, 이름 명

이익을 위한 다툼에는
항상 시비가 따른다

"합당한 일을 하더라도,
작은 이익에 다투지 말라."

合理可作, 小利不爭。
합 리 가 작 ， 소 리 불 쟁

─ 비슷한 사자성어로 소탐대실(小貪大失), 추도지말(錐刀之末)이 있다. 전자는 작은 이익을 탐하여 이익을 잃어버림을 뜻하고, 후자는 뾰족한 칼의 끝이라는 의미로 얼마 되지 않는 이익을 비유한다. ─

    아무리 합당한 일이라도 이익을 위해 다툰다면 일의 본질이 훼손되고 만다. 이익을 위해 움직이는 것이 아니라면 작은 이익이라도 이것으로 시비가 생기지 않게 하고, 이익 때문에 시비를 가려야 한다면 차라리 표면적으로 이익을 위한 것임을 밝히는 것이 낫다.

* 합할 합, 다스릴 리, 옳을 가, 지을 작 / 작을 소, 이로울 리, 아닐 불, 다툴 쟁

내면의 아름다움은
영원하다

"모란꽃은 아름다워 그저 눈에 들어오나,
대추는 꽃이 작아도 열매를 맺는 것이 많다."

牡丹花好空入目, 棗花雖小結實多。
모 단 화 호 공 입 목 , 조 화 수 소 결 실 다

누구나 예쁘고 아름다운 것이 먼저 눈에 들어오고 좋아한다. 허나 시간을 지날수록 진정 아름다운 것은 외적인 것이 아닌 내적인 것에 있음을 깨닫게 된다. 눈으로 아름다운 것은 얼마 못가지만, 마음이 아름다운 것은 두고두고 보아도 사랑스럽고 흐뭇하다. 열흘 붉은 꽃은 없다는 말처럼 외모가 아름다운 사람보다 마음이 아름답고, 신념이 아름다운 사람을 곁에 두어야 한다.

＊ 수컷 모, 모란(붉을) 단, 꽃 화, 좋을 호, 빌 공, 들 입, 눈 목 / 대추 조, 꽃 화, 비록 수, 작을 소, 맺을 결, 열매 실, 많을 다

사랑은
죽음보다 위대하다

"쥐를 사랑하면 밥을 남겨 두고,
나방을 사랑하면 등을 비단으로 덮는다."

愛鼠常留飯, 憐蛾燈罩紗。
애 서 상 류 반 , 련 아 등 조 사

사랑에 빠진 사람은 티가 난다. 평소 무관심한 것들에 관심을 보이기 시작하고, 보이지 않던 것이 보이기 시작한다. 괴팍하던 사람이 다정해지고 친절해지기도 한다. 사랑은 그렇게 모든 것을 변화시킨다. 자신이 가장 아끼던 것도 서슴없이 내놓으며, 목숨까지도 바친다. 다정스러움은 그 어떤 정열에 찬 서약보다 더 위대한 사랑의 증거라고 말한 프랑스의 영화배우 마를레네 디트리히의 말처럼 자신의 것을 아낌없이 내놓는 사랑의 다정함은 그 무엇보다 뜨겁고 위대하다.

＊사랑 애, 쥐 서, 떳떳할 상, 머무를 류, 밥 반 / 불쌍히 여길 련, 나방 아, 등 등, 보쌈 조, 비단 사

욕심보다
감사함이 앞서야 한다

"그저 부지런히 일해 그에 합당한 이익을 얻고,
등이 따뜻하고 배가 부르면 하늘에 감사해 하라."

勤奮耕鋤收地利, 他時飽暖謝蒼天。
근 분 경 서 수 지 리 , 타 시 포 난 사 창 천

— '떨칠 분(奮)'은 '힘쓰다', '성내다'로 확장되어 사용된다. 격언에선 성실히 일에 힘쓴 사람을
말한다. '다를 타(他)'는 '겹치다'는 부정적인 의미도 있다. 따뜻하고 배가 부른 건 나 혼자 잘
해서 만들어진 상황이 아니므로 하늘에 감사하라고 표현했다. —

　자신이 한 만큼의 대가를 받고, 딱히 불편함이 없다면 그저 감사해야
한다. 감사가 아닌 불만을 품는 것 자체가 욕심이 되니 화를 불러일으키
게 된다. 더 가지고 싶은 것이 있다 하더라도 현재 가진 것에 우선 감사
하여야 한다. 욕망이 지나쳐서 잘못된 경우는 있어도, 감사함이 넘쳐서
낭패를 본 경우는 없다.

＊ 부지런할 근, 떨칠 분, 밭 갈 경, 호미 서, 거둘 수, 땅 지, 이로울 리 / 다를 타, 때 시, 배부를 포, 따뜻
　할 난, 사례할 사, 푸를 창, 하늘 천

인내는 쓰지만, 그 열매는 달다

"참을 수 있을 때까지 참고, 견딜 수 있을 때까지 견뎌야 한다, 참지 못하고 견뎌내지 못하면 작은 일이 재난이 되고 만다."

得忍且忍, 得耐且耐, 不忍不耐, 小事成災。
득 인 차 인 , 득 내 차 내 , 불 인 불 내 , 소 사 성 재

– '참다'의 의미가 쓰인 격언 중에 서인자일백(書忍字一百), 자비인욕(慈悲忍辱)이 있다. 전자는 가정의 화목은 서로가 인내하는데 있다는 뜻이고, 후자는 중생에게 자비하고 온갖 욕됨을 스스로 참아야 한다고 말한다. –

작은 인내는 화를 면하게 하고, 큰 인내는 사람을 구하게 한다. 참을 인(忍) 자 셋이면 살인도 피한다는 속담이 있을 정도로 끝까지 참으면 어떤 어려움도 극복할 수 있고, 참음으로 얻을 수 있는 가치가 더 크다는 것이다. 마냥 참는 것이 능사는 아니지만, 가능한 한 번 더 숙고한 후 행한다면 돌이킬 수 없는 일로 후회하지는 않게 된다.

---

* 얻을 득, 참을 인, 또 차, 참을 인 / 얻을 득, 견딜 내, 또 차, 견딜 내 / 아닐 불, 참을 인, 아닐 불, 견딜 내 / 작을 소, 일 사, 이룰 성, 재앙 재

교만한 사람끼리 만나면
교만이 극에 달할 뿐이다

"서로 잘났다고 따지고 뽐내면,
집안 살림은 점점 쇠퇴한다."

相論逞英豪, 家計漸漸退。
상 론 령 영 호 , 가 계 점 점 퇴

자신이 부족하다고 여길 때는 서로를 위해 더 나은 모습으로 변하려고 노력한다. 그러나 서로 자신이 옳다고만 여기고, 부족함이 없다고 생각한다면 상대가 문제라고 지적하며 바뀌기를 바라게 된다. 그런 집은 다툼이 끊이지 않고 나아질 수 없다. 늘 먼저 양보하고 자신의 부족함을 되짚어 보면서 서로 배려해야 할 것이다.

＊ 서로 상, 논할 론, 쾌할 령, 꽃부리 영, 호걸 호 / 집 가, 셀 계, 점점 점, 점점 점, 물러날 퇴

아내가 웃으면
남편도 웃는다

"어진 아내는 남편을 귀하게 만들고,
악한 아내는 남편을 천하게 만든다."

賢婦令夫貴, 惡婦令夫敗。
현 부 령 부 귀 , 악 부 령 부 패

현명한 아내는 남편의 험담을 하지 않는다. 그것이 결국 자신의 험담임을 알기 때문이다. 남편이 귀해지면 자신도 귀해지고, 남편이 천해지면 자신도 천해진다. 현명한 아내는 그것을 알기에 결코 자신의 남편을 하대하지 않는다. 설령 남편이 부족하더라도 존중하고 경애한다. 이것은 남편도 마찬가지로 아내를 결코 하대하거나 무시하지 말고, 늘 귀하게 대해야 한다. 그렇게 서로를 존경할 때 비로소 누구나 부러워하는 집이 되는 것이다.

＊ 어질 현, 아내(며느리) 부, 하여금 령, 지아비 부, 귀할 귀 / 악할 악, 아내(며느리) 부, 하여금 령, 지아비 부, 패할 패

타인의 성공을 진심으로 축하해야
나에게도 긍정적인 영향이 온다

"한 사람에게 경사가 있으면,
수많은 사람이 힘을 얻는다."

一人有慶, 兆民廚賴。
일 인 유 경 , 조 민 주 뢰

누군가의 불운이든 행운이든 그것은 옆에 있는 나에게도 크거나 작게 영향을 미치게 된다. 그러니 가능하면 누군가의 행운을 빌어 주도록 하자. 나에게 영향을 미치는 것이라면 이왕이면 좋은 영향인 것이 이로울 테니 말이다. 그렇게 주위의 모든 이들의 성공을 빌어 주고 도와준다면 그 작은 영향들이 모여 언젠가는 나의 승리와 성공이 되는 법이다. 성공의 가장 빠른 길은 누군가의 성공을 돕는 것이다.

* 한 일, 사람 인, 있을 유, 경사 경 / 조 조, 백성 민, 부엌 주, 의뢰할 뢰

불굴의 의지가 있다면
영원히 젊은이로 남을 수 있다

"사람이 늙어도 마음까지 늙어서는 아니 되고,
사람이 궁하다 하여도 뜻까지 궁해져서는 안 된다."

人老心未老, 人窮計莫窮。
인 로 심 미 로 , 인 궁 계 막 궁

사람은 생각하는 대로 살아지게 된다. 늙었다고 생각하면 기력이 쇠하여서 아무것도 할 수 없고, 가난하여 할 수 있는 게 없다고 여긴다면 그 무엇도 할 수 없다. 가장 중요한 것은 하고자 하는 의욕이자 하려는 의지다. 사업을 하라고 천만금을 가져다줘도 의지가 없는 사람에게는 돌덩이나 다름없다. 생각할 수 있다면, 움직일 수 있는 건강이 있다면 일어나 행하라. 그대의 삶은 그대의 의지로 꾸며지는 것이니 말이다.

* 사람 인, 늙을 로, 마음 심, 아닐 미, 늙을 로 / 사람 인, 궁할 궁, 셀 계, 없을 막, 궁할 궁

영원한 것은
없다

"사람은 천일 동안 좋을 수 없고,
꽃은 백일 동안 붉을 수 없다."

人無千日好, 花無百日紅。
인 무 천 일 호 , 화 무 백 일 홍

변치 않을 것 같은 사랑도, 평생 누릴 수 있을 것 같은 부귀영화도 영원한 것은 없다. 시간은 영원한 것을 허락하지 않는다. 다만 그 변화를 이해하고 예상하며 대비하는 사람만이 있을 뿐이다. 변화를 받아들이지 못하면 몸과 마음이 편해질 수 없다. 언젠가 끝이 있음을 알고 모든 변화를 자연의 섭리로 받아들여야 한다. 그에 맞게 대처하는 자가 현명한 자이다.

* 사람 인, 없을 무, 일천 천, 날 일, 좋을 호 / 꽃 화, 없을 무, 일백 백, 날 일, 붉을 홍

운명은 노력에 대한
기대이다

"사람의 운명은 하늘에 달려 있고,
물건의 운명은 사람에게 달려 있다."

人命在天, 物命在人。
인 명 재 천 , 물 명 재 인

진정 노력한 것은 그 누구도 몰라줘도 하늘이 알고 있어 언제 어떤 식으로든 그 보답을 받게 되어 있다. 모든 것의 결과를 자신이 결정할 수는 없어도, 방향성은 자신이 결정할 수 있다. 당신이 심은 사과나무에서 어떤 모양과 맛의 사과가 나올지는 정할 수 없어도, 사과가 맺길 바란다면 씨를 뿌려 사과나무를 심을 수는 있다는 것이다. 그러니 원하는 결과에 맞는 씨를 뿌리고 정성껏 물을 주어야 한다. 얼마나 탐스러운 사과가 열릴지는 하늘에 맡기고 말이다.

---

* 사람 인, 목숨 명, 있을 재, 하늘 천 / 물건 물, 목숨 명, 있을 재, 사람 인

꽃 한 송이로
봄이 오지 않는다

"꽃 한 송이가 피었다고 어찌 봄이 왔다고 말할 수 있겠는가,
온 꽃이 만발해야 비로소 봄이 왔다고 말할 수 있다."

一花獨放不是春, 百花齊放春滿園
일 화 독 방 불 시 춘 , 백 화 제 방 춘 만 원

능력이든 관계든 한 번으로 모든 것을 증명할 수는 없는 법이다. 한 번의 골로 그 선수의 실력을 입증할 수는 없듯이 말이다. 하지만 그 한 번은 중요하다. 첫째 번이 있어야 다음이 있는 법이니, 시작을 알리는 처음을 소중히 여기며 그 이후를 생각해야 한다. 그렇게 한 번, 두 번 쌓여 나가다 보면 실력이 되고, 신뢰 쌓인 관계가 되는 것이다. 한 번에 안주하고 만족하지 않되, 그 한 번을 소중히 여기며 다음을 준비하도록 하자.

＊ 한 일, 꽃 화, 홀로 독, 놓을 방, 아니 불, 이 시, 봄 춘 / 일백 백, 꽃 화, 가지런할 제, 놓을 방, 봄 춘, 찰 만, 동산 원

뛰어난 사냥꾼은
덫을 어떻게 놓을지 고민한다

"재운이 오면 나를 성취하게 하는 것은 쉽고,
내가 재물을 모으려고 하면 이루기 어렵다."

財來生我易, 我去生財難。
재 래 생 아 이 , 아 거 생 재 난

작은 돈은 좇으면 이룰 수 있지만, 큰돈은 돈이 스스로 나를 따라오게 만들어야 한다. 사냥에 능한 사람은 절대 목표물을 좇지 않는다. 덫을 설치해 두고 목표물이 스스로 걸려들기를 기다릴 뿐이다. 부귀를 바란다면 부를 누리기에 충분한 사람이 먼저 되어야 한다. 자신이 그럴 자격이 충분한 사람이면 돈은 자연히 당신에게로 모여서 큰 부를 쌓기 마련이다.

* 재물 재, 올 래, 날 생, 나 아, 쉬울 이 / 나 아, 갈 거, 날 생, 재물 재, 어려울 난

과거의 성공은
과거일 뿐이다

"갑자기 부자가 된 자는 새로운 편안함을 알지 못하고,
갑자기 가난해진 자는 옛날 가풍을 바꾸기 어렵다."

乍富不知新受用, 乍貧難改舊家風。
사 부 불 지 신 수 용 , 사 빈 난 개 구 가 풍

　과거의 영화에 얽매여 지금을 받아들이지 못하는 사람들이 있다. '이
래 봬도 내가 왕년에 잘 나갔었다'는 식의 호기를 부리며 화려했던 과거
만을 추억하는 이들이다. 남부러울 것 없던 과거라 할지라도 그것은 이
미 사라진 신기루에 불과하다. 지나간 일만 떠올리고, 현재를 받아들이
지 못하면 시대에 역행하게 된다. 지금 무엇을 어떻게 받아들이고 나아
갈지를 생각해야 다시 성공할 수 있는 것이다.

＊ 잠깐 사, 부유할 부, 아닐 불, 알 지, 새 신, 받을 수, 쓸 용 / 잠깐 사, 가난할 빈, 어려울 난, 고칠 개,
　옛 구, 집 가, 바람 풍

높은 자리에 앉을수록
파리가 꼬이는 법이다

"윗자리에 앉으면 늘 손님이 가득하고,
잔 속의 술이 비지 않는다."

座上客常滿, 杯中酒不空。
좌 상 객 상 만 , 배 중 주 불 공

– 격언에서 파리는 주로 하찮음에 비유된다. 조승모문(朝蠅暮蚊)은 아침에는 파리, 저녁엔
모기가 떼를 이룬다는 뜻으로 소인배의 허세를 비판하는 내용이다. –

상석에 앉게 되면 찾아오는 사람이 많아진다. 하지만 이럴 때일수록
주위를 경계해야 한다. 사심과 사욕 때문에 접근하는 사람들이 달콤한
말로 당신을 즐겁게 만들 것이니 말이다. 이런 사람들을 곁에 두면 점차
눈이 가려지게 되고, 올바른 판단을 내리지 못하게 된다. 많은 사람들
중에서도 이익을 꾀하려는 파리와 진정한 나의 사람은 골라낼 수 있어
야 한다.

＊ 자리 좌, 위 상, 손 객, 떳떳할 상, 찰 만 / 잔 배, 가운데 중, 술 주, 아닐 불, 빌 공

안 좋은 일은
한꺼번에 온다

"지붕이 새는데 비마저 쏟아지고,
배는 느린데 역풍마저 만났다."

屋漏又遭連夜雨, 行船偏遇打頭風。
옥 루 우 조 련 야 우 , 행 선 편 우 타 두 풍

엎친 데 덮친 격으로 안 좋은 일은 왜 항상 한꺼번에 일어나는 걸까? 안 좋은 일이 언짢은 일을 몰고 오는 건 그 일을 겪을 때 발생하는 감정 변화에 따른 것은 아닐까? 우리는 안 좋은 일을 겪게 되면 굉장히 부정적인 감정에 휩싸이게 된다. 다른 말로 예민해진다. 예민해진 신경은 다른 사소한 일에도 민감하게 반응하고, 그것에 또 부정적으로 반응을 한다. 또 다시 그 반응은 또 다른 못마땅한 것을 몰고 오며 악순환이 생기는 것이다. 이 악순환을 끊기 위해서는 안 좋은 일을 부정적으로 받아들이는 것이 아니라, 깨닫고 성장할 수 있는 기회로 받아들여야 한다. 모든 고통은 성장을 알리는 신호이니 말이다.

＊집 옥, 샐 루, 또 우, 만날 조, 잇닿을 련, 밤 야, 비 우 / 다닐 행, 배 선, 치우칠 편, 만날 우, 칠 타, 머리 두, 바람 풍

처음부터 잘하는
사람은 아무도 없다

"죽순은 떨어진 대나무 껍질을 먹고 대나무가 되고,
물고기는 거센 파도를 만나 비로소 용이 된다."

筍因落蘀方成竹, 魚爲奔波始化龍。
순 인 락 탁 방 성 죽 , 어 위 분 파 시 화 룡

성장은 편안한 곳에 있지 않다. 면역성은 상처에서부터 생겨나고, 강인함은 나약했던 곳에서 생겨나는 것이다. 미국의 16대 대통령인 에이브러햄 링컨은 실패를 딛고 성공한 위인의 대명사로 꼽힌다. 그는 사업 실패에서부터 주 의회 선거, 하원의원 선거, 부통령 선거, 상원의원 선거 등 수많은 선거에서 낙선하였다. 이렇게 실패를 하면서도 결코 포기하지 않았고 마침내 대통령 선거에 당선되어 세계사에 이름을 남겼다. 지금 실패하여 좌절했다면 그곳에서부터 성장하도록 하라. 실패와 좌절은 가장 큰 동기부여가 되어 준다.

* 죽순 순, 인할 인, 떨어질 락, 대껍질 탁, 모 방, 이룰 성, 대 죽 / 물고기 어, 할 위, 달릴 분, 물결 파, 비로소 시, 될 화, 용 룡

성장에는
쓴소리가 필요하다

"나라를 다스릴 때는 아첨하는 신하가 필요 없고,
집안을 다스릴 때는 아첨하는 부인이 필요 없다."

治國不用佞臣, 治家不用佞婦。
치 국 불 용 녕 신 , 치 가 불 용 녕 부

자신이 잘하고 있는 부분에 대한 칭찬을 계속 들을 필요는 없다. 잘하고 있는 건 그저 계속 그렇게 잘하면 될 뿐이다. 여기서 더 성장하기 위해서는 자신의 단점을 깨닫고 고쳐 나가야 한다. 그러기 위해서는 자기 스스로 깨닫지 못하고 있는 점을 알려줄 수 있는 사람이 필요하다. 좋은 얘기가 자신감을 상승시켜주지만 지나친 자신감은 자만심으로 변질되니 주의해야 한다.

＊ 다스릴 치, 나라 국, 아닐 불, 쓸 용, 아첨할 녕, 신하 신 / 다스릴 치, 집 가, 아닐 불, 쓸 용, 아첨할 녕, 아내(며느리) 부

부자라고 생각해야 너그러워진다

"예의는 부유하고 풍족함에서 생겨나고,
도둑은 가난하고 궁핍함에서 나온다."

禮義生於富足, 盜賊出於貧窮。
예 의 생 어 부 족 , 도 적 출 어 빈 궁

경제적으로 풍족하면 마음이 너그러워진다. 또한, 마음이 너그러워지면 대범해지고 인자해지기 마련이다. 그런 사람은 조급함이 없고 매너가 좋아진다. 허나 빈곤해지면 잃는 것이 두렵고 나가는 것이 불안해진다. 그러다 보니 초조하고 소심해지기 마련이다. 이것은 악순환이다. 부유한 사람들은 그래서 더 부유해지는 것이고, 가난한 사람들은 그래서 더 가난해진다. 내게 있음을 분출하는 이와 없음을 분출하는 이의 삶의 방향성은 확연히 다른 것이다. 결코 내적인 것이 외적인 것으로 변질되지 않도록 해야 한다.

* 예도 예, 옳을 의, 날 생, 어조사 어, 부유할 부, 넉넉할(발) 족 / 도둑 도, 도둑 적, 날 출, 어조사 어, 가난할 빈, 궁할 궁

거짓은 진실 앞에
무릎 꿇게 되어 있다

"하늘의 모든 별은 북극성을 중심으로 돌고,
세상의 모든 물은 동쪽으로 흐른다."

天上眾星皆拱北, 世間無水不朝東。
천 상 중 성 개 공 북 , 세 간 무 수 불 조 동

― 拱 : '팔짱 끼다'에서 '마주 잡다', '두르다'로 확장되었다. '모든 별은 북쪽으로 두른다'고 직
역할 수 있다. ―

때론 세상이 불공평해 보이고 악인들이 더 잘 사는 세상 같아 보이지
만, 결국 모든 것은 순리대로 흘러간다. 거짓은 진실 앞에 무릎 꿇게 되
어 있고, 어둠은 빛을 이길 수 없다. 악한 일을 했으면 벌을 받게 되어 있
고, 선한 자는 보답을 받게 되어 있다. 그것이 변하지 않는 진리이자 진
실이다.

＊하늘 천, 위 상, 무리 중, 별 성, 다 개, 팔짱 낄 공, 북녘 북 / 인간 세, 사이 간, 없을 무, 물 수, 아닐
불, 아침 조, 동녘 동

능력은 인정받아야
진짜가 된다

"선비는 자신을 알아주는 이를 위해 죽고,
여인은 자신을 사랑하는 이를 위해 화장을 한다."

士爲知己者死, 女爲悅己者容。
사 위 지 기 자 사 , 여 위 열 기 자 용

– '나를 알아주는 건 하늘뿐이다'라는 격언 지아자기천호(知我者其天乎)가 있다. 사람마다
고유한 가치가 있지만 그것을 인정받지 못했을 때 말하는 아쉬움의 표현이다. –

능력은 인정해주는 이로 인해 발휘되는 법이고, 아름다움은 알아주는 이가 있어 빛나는 것이다. 아무리 가치 있는 돌이라도 발굴되고 다듬어야 다이아몬드가 되는 것처럼 진가를 알아주는 이가 있어야만 비로소 그 가치가 빛나게 된다. 그리고 모든 가치는 그것을 알아주는 만큼 발휘되는 것이다.

＊ 선비 사, 할 위, 알 지, 몸 기, 놈 자, 죽을 사 / 여자 여, 할 위, 기쁠 열, 몸 기, 놈 자, 얼굴 용

진정 중요한 것은
보이는 것에 있지 않다

"군자는 가난에도 편안하고,
이치를 통달한 사람은 운명을 안다."

君子安貧, 達人知命。
군 자 안 빈 , 달 인 지 명

　　깨달은 자는 외적인 것이 큰 의미가 없음을 안다. 외적으로 채워진 것
은 그저 망상임을 알고 중요한 것은 내면에 있다는 것을 안다. 내적인 것
이 채워지면 외적인 것은 자연적으로 따라옴을 알고 있는 것이다. 그래서
본인이 바꿀 수 없는 일이라면 그저 흘러가도록 내버려 둔다. 시간이 가
져가는 것도 가져오는 것도 있음을 알고 있기에 말이다.

＊ 군자(임금) 군, 아들 자, 편안 안, 가난할 빈 / 통달할 달, 사람 인, 알 지, 목숨 명

비를 맞지 않고
피는 꽃은 없다

"좋은 약은 입에는 쓰지만 병에는 이롭고,
충언은 귀에는 거슬리나 행동에는 이롭다."

良藥苦口利於病, 忠言逆耳利於行。
양 약 고 구 리 어 병 , 충 언 역 이 리 어 행

– 忠 : 충성을 한다는 건 모든 것을 바치라는 게 아니다. '충성'이 확장되어 '정성을 쏟다'가
되고 더 나아가 '공평하다'로 사용된다. 한쪽으로 치우치지 않도록 중심을 잡아주는 게 충성
의 진정한 의미다. –

지금 쓴소리를 듣는다면 훗날 치욕을 면할 수 있고, 지금 힘든 일을
해결한다면 앞날이 편안해진다. 눈앞의 것만 바라보지 말고 훗날 자신
이 어떤 자리에 어떻게 있을지를 생각해 보아야 한다. 미래에 큰일을 하
고자 한다면 현재의 쾌락을 참을 줄 알아야 하는 것이다. 지금의 시간
은 지나가겠지만, 지금 뿌린 시간은 반드시 다가올 것이니 말이다.

* 어질 양, 약 약, 쓸 고, 입 구, 이로울 리, 어조사 어, 병 병 / 충성 충, 말씀 언, 거스릴 역, 귀 이, 이로
울 리, 어조사 어, 다닐 행

만남과 헤어짐

10月

급하게 먹으면
체한다

"하늘의 뜻을 따르는 자는 번창하고,
하늘의 뜻을 어기는 자는 망한다."

順天者昌, 逆天者亡。
순 천 자 창 , 역 천 자 망

무슨 일을 하든지 순리대로 행하면 번창하게 되고, 순리를 거스르면 탈이 생기는 법이다. 그저 자신이 할 수 있는 선까지는 최선을 다한 후에 하늘의 뜻을 따르는 것이다. 자신이 할 수 있는 선 이상으로 억지로 일을 진행하다 보면 문제가 생길 수 있다. 선의가 담긴 일은 하늘이 돕는 법이니, 최선을 다하되 무리하게 일을 진행하려 하지는 말라.

* 순할 순, 하늘 천, 놈 자, 창성할 창 / 거스릴 역, 하늘 천, 놈 자, 망할 망

인연이라면 어떻게든
다시 만나게 된다

"인연이 있으면 천 리를 돌아서도 만나게 되고,
인연이 없으면 얼굴을 마주하고도 만나지 못한다."

有緣千里來相會, 無緣對面不相逢。
유 연 천 리 래 상 회 , 무 연 대 면 불 상 봉

인연은 언젠가는 다시 만나게 된다는 말처럼 연이 닿아있는 사람은
어떤 식으로든 만나게 된다. 헤어진 사람 사이에 서로 인연이 없다면 아
무리 붙잡아도 헤어지게 돼 있는 운명이고, 진정 인연이 있는 사람이라
면 언제 어떤 식으로든 다시 보게 될 것이니 그 때를 그저 기다리면 된
다. 그러니 지금의 헤어짐을 너무 슬퍼할 필요도, 좌절할 것도 없다. 누
구에게나 인연은 있고, 헤어짐과 만남은 반복되는 법이다.

* 있을 유, 인연 연, 하늘 천, 리 리, 올 래, 서로 상, 모일 회 / 없을 무, 인연 연, 대할 대, 낮 면, 아닐 불,
  서로 상, 만날 봉

거짓된 약속은
더 큰 위기를 불러온다

"급할 때는 선행을 약속하지만,
지나고 나면 변하는 것이 또 마음이다."

臨危許行善, 過後心又變。
임 위 허 행 선 , 과 후 심 우 변

　　화장실 들어갈 때와 나올 때가 다르듯이 급할 때는 어떤 약속이든 반드시 지킬 듯이 하지만, 급한 것이 지나고 나면 약속을 가볍게 여기고 만다. 그런 식으로 매번 순간을 모면하기 위해 변절을 반복한다면 양치기 소년처럼 언젠가는 아무도 믿어주지 않고, 곁에 남아 있지 않게 된다. 삶은 순간의 선택으로 이어져 가는데, 멀리 보지 못하는 선택만을 한다면 그 끝은 굳이 확인하지 않아도 뻔하다.

＊ 임할 임, 위태할 위, 허락할 허, 행할(다닐) 행, 착할 선 / 지날 과, 뒤 후, 마음 심, 또 우, 변할 변

욕심에 눈이 멀면
반드시 화를 입는다

"사람은 재물 때문에 죽고,
새는 먹이 때문에 죽는다."

人爲財死, 鳥爲食亡。
인 위 재 사 , 조 위 식 망

– 亡 : '망하다'가 확장되어 '없어지다', '죽다'가 되었다. 순망치한(脣亡齒寒), 망국지탄(亡國之歎), 패가망신(敗家亡身) 등 국가, 가문이 없어지거나 망했을 때 자주 쓰인다. –

딱히 재물 때문이라기보다 재물에 대한 욕심이 화를 가져오는 것이다. 적당한 욕심은 동기부여가 되어 주기도 하지만, 과욕은 무모함을 부르고 자멸시키는 원인이 된다. 지금 주어진 것에 우선 감사하고, 더 주어질 것에 고마움을 느껴야 한다. 가질 수 없는 재물을 탐하는 것은 자신을 해치게 만든다. 이처럼 재물은 우리를 유혹하는 독버섯과도 같은 것이다.

* 사람 인, 할 위, 재물 재, 죽을 사 / 새 조, 할 위, 밥 식, 망할 망

소음은
조화롭지 않을 때 들린다

"부부가 서로 화목한 것은,
악기가 서로 잘 어울려 연주하는 것과 같다."

夫妻相和好, 琴瑟與笙簧。
부 처 상 화 호 , 금 슬 여 생 황

화목한 부부는 보는 사람의 기분까지 좋게 한다. 마치 사람을 행복하게 만드는 연주처럼 말이다. 악기들이 서로 음을 맞추어 각자의 음색을 뽐낼 때에 비로소 아름다운 선율로 들린다. 악기끼리 불협화음이 자꾸 나고 자신의 음역대가 아닌 음을 내려 한다면 그 어떤 소음보다도 듣기 싫어진다. 부부도 마찬가지다. 부부 간에 서로 위하고 화목하다면 그 집에서 들려오는 소리는 다정하고, 듣기 좋을 것이다. 하지만 서로를 비난하고 다툰다면 오던 복도 귀를 막고 달아나 버릴 것이다.

＊ 지아비 부, 아내 처, 서로 상, 화할 화, 좋을 호 / 거문고 금, 큰 거문고 슬, 더불 여, 생황 생, 피리(서)
황

뛰어난 사람은
주변을 바꿀 수 있다

"좋은 신하는 한 나라의 보배이고,
좋은 며느리는 한 집의 보배이다."

好臣一國之寶, 好婦一家之珍。
호 신 일 국 지 보 , 호 부 일 가 지 진

– 보배는 우리말로 진귀하고 소중한 물건을 가리킨다. '보배 보(寶)'는 집안에 여러 진귀한 물
건을 두었음을 뜻하고, '보배 진(珍)'은 좀처럼 찾아보기 힘든 구슬을 가리킨다. –

　뛰어난 한 사람은 세상을 바꾸는 법이다. 그러니 환경을 탓하지 말고,
스스로 인재가 되려고 노력하든지 귀인을 들여야 한다. 대낮에는 주변
을 밝히기 위해 초를 켤 필요가 없다. 하지만 어둠이 닥쳤을 때 빛이 눈
에 들어오듯이, 어지러운 환경일 때 인재가 드러난다. 보배가 되려 한다
면 어둠인 것에 감사해야 한다. 귀인도, 인재도 스스로 빛날 수는 없으니
말이다.

＊좋을 호, 신하 신, 한 일, 나라 국, 갈 지, 보배 보 / 좋을 호, 며느리 부, 한 일, 집 가, 갈 지, 보배 진

어렵다고 생각되는 순간이 나를 성장시킬 기회다

"책은 사용할 때가 되어서야 비로소 지식이 적음을 한탄하고, 일은 해보지 않으면 어려움을 알지 못한다."

書到用時方恨少, 事非經過不知難。
서 도 용 시 방 한 소 , 사 비 경 과 불 지 난

필요하다는 걸 깨달은 것은 부족하다는 걸 인식하게 된 것이고, 어려움을 알았다는 것은 그것에 대해 알아가기 시작했다는 것이다. 그러니 이것은 후회스럽고 안타까운 것이 아니라 고무적인 반응인 것이다. 그만큼 시야가 넓어졌고, 경험이 많아졌음을 의미하는 것이니 감사하게 여기고 긍정적인 마음으로 이를 받아들여라.

＊ 글 서, 이를 도, 쓸 용, 때 시, 모방, 한 한, 적을 소 / 일 사, 아닐 비, 지날 경, 지날 과, 아닐 불, 알 지, 어려울 난

사람은 안정감이 들 때
나태해진다

"안정되면 구르지 않고,
구르면 안정되지 않는다."

穩的不滾, 滾的不穩。
은 적 불 곤 , 곤 적 불 은

사람들이 큰 착각을 하는 것 중 하나는 '안정적인 직장'에 관한 것이다. 사실 대기업에 다니든 공무원이든 백 퍼센트 안정적인 직장이라는 것은 존재하지 않는다. 어느 날 갑자기 구조조정 대상자가 될 지도 모르는 것이며, 권고사직을 당할지도 모른다. 그럼에도 안정적인 직장이라는 착각 속에서 대비도 하지 않고 아무것도 시도하려 하지 않는다. 물론 모든 시도와 도전에는 결과를 알 수 없는 두려움이 있지만, 그렇다고 훗날을 준비하지 않는다면 갑자기 감당할 수 없는 시련을 맞게 될 수도 있다.

＊ 편안할 은, 과녁 적, 아닐 불, 흐를 곤 / 흐를 곤, 과녁 적, 아닐 불, 편안할 은

자식은
부모의 사랑을 먹고 산다

"자식은 어머니의 추함을 싫어하지 아니하고,
개는 집이 가난한 것을 싫어하지 않는다."

兒不嫌母醜, 狗不嫌家貧。
아 불 혐 모 추 , 구 불 혐 가 빈

– 嫌 : '싫어하다'로 주로 쓰인다. '의심하다', '불만스럽다', '혼동하기 쉽다' 등으로 확장된다. 혐의, 무혐의 등 죄의 유무를 따질 때는 의심하다로 해석된다. –

어떤 부모든 자식을 사랑으로 키운다면 자식은 부모를 부끄러워하지 않는다. 부모의 외모나 집안의 부유함이 중요한 것이 아니라, 자식이 사랑받고 있음을 느끼게 해주는 것이 우선이다. 외부적인 것이 아닌 내적인 것을 가정에서 충분히 채워 주었다면 자식이 만족함과 안정을 느끼고, 부모에게 감사하는 마음이 우러나올 것이다.

* 아이 아, 아닐 불, 싫어할 혐, 어미 모, 추할 추 / 개 구, 아닐 불, 싫어할 혐, 집 가, 가난할 빈

질투도
도둑질이다

"남의 쌀 한 말을 탐하면,
반년 치 양식을 잃는다."

貪他一斗米, 失卻半年糧。
탐 타 일 두 미 , 실 각 반 년 량

남의 것을 탐하는 것은 스스로 없음을 증명하는 일이다. 다른 이가 가진 것을 질투하면 할수록 그것이 나에게는 없음을 반증하는 것이기 때문이다. 남이 가진 것을 차지하고 싶어서 나쁜 마음을 먹고, 질투를 하면 그만큼 나에게 손해가 된다. 그러므로 탐내는 마음이 든다면 먼저 내 마음의 빈곤함을 살펴야 한다. 또한 마음을 잘 다스리는 데 집중해야 할 것이다.

＊ 탐낼 탐, 다를 타, 한 일, 말 두, 쌀 미 / 잃을 실, 물리칠 각, 반 반, 해 년, 양식 량

천금을 가진 사람은
한 푼 두 푼 계산하지 않는다

"군자는 천금이라도 계산하여 비교하지 않으나,
소인은 한 푼 때문에 남의 마음을 괴롭게 한다."

君子千錢不計較, 小人一錢惱人心。
군 자 천 전 불 계 교 , 소 인 일 전 뇌 인 심

성숙된 사람일수록 자신이 가진 것을 남의 것과 비교하여 값을 매기
지 않는다. 그저 자신에게 주어진 것을 감사하고 그것에 집중한다. 하지
만 어리석은 사람은 자신이 가진 것을 뺏기지 않으려 하고, 남과 비교하
여 이미 가진 것을 하찮게 여긴다. 작은 돈에도 연연하여 분란을 일으키
는데 이는 자기 자신을 제외한 모든 것은 결국 자신의 것이 아님을 모르
는 것이다.

＊ 군자(임금) 군, 아들 자, 일천 천, 돈 전, 아닐 불, 셀 계, 견줄 교 / 작을 소, 사람 인, 한 일, 돈 전, 번
뇌할 뇌, 사람 인, 마음 심

타인이 변하길 기다리지 말고
내가 먼저 움직여야 한다

"남의 단점은 지적할 줄 알면서,
어찌 자신의 속 좁은 마음은 헤아리지 못하는가?"

人生只會量人短, 何不回頭把自量?
인 생 지 회 량 인 단 , 하 불 회 두 파 자 량

– 量 : '헤아리다'가 확장되어 '추측하다', '재다'로 쓰인다. 수량이 아닌 사람을 재어보는 건 부
정적인 단어와 결합해 쓰인다. 격언에선 어리석음을 뜻하는 '짧을 단(短)'을 서술하며 단점으
로 해석된다. –

남에 대한 비판을 하기 전에 그것을 헤아리지 못하는 자신의 그릇을
먼저 생각해 보자. 타인을 바꾸기란 어려운 일이다. 오히려 타인의 행동과
말을 받아들이지 못하는 자신을 돌아봐야 한다. 이를 바탕으로 자신을
성장시키고 바꾸는 것이 남을 못마땅하게 여기는 것보다 낫다.

＊ 사람 인, 날 생, 다만 지, 모일 회, 헤아릴 량, 사람 인, 짧을 단 / 어찌 하, 아닐 불, 돌아올 회, 머리
두, 잡을 파, 스스로 자, 헤아릴 량

선을 좇고,
악을 두려워하라

"선을 보면 그것에 미치지 못하는 것처럼 하고,
악을 보면 끓는 물을 더듬는 것처럼 하라."

見善如不及, 見惡如探湯。
견 선 여 불 급 , 견 악 여 탐 탕

– 미치지 못한다는 '불급(不及)'을 직역으로 이해하긴 어렵다. 채찍이 길어도 말의 배에 닿지 않는다는 사자성어 '불급마복(不及馬腹)'을 참조해 보자. 세상에는 사람의 힘으로 되지 않는 게 있음을 말한다. 선을 행한다고 해서 끝이 아니다. 계속해서 부족하여 닿지 않고 도달하지 못하는 것이 '선(善)'이다. –

　좋은 일은 신기루를 쫓듯 조금 더 가까이 다가서려고 노력하여 행하기를 힘쓰고, 좋지 않은 일은 불에 손을 대듯 가까이 하면 화를 입는다고 여겨야 한다. 뜨거운 물에 손을 넣어서 화상을 입으면 보기 흉한 흉터가 남듯이, 악은 사람의 마음을 추악하게 하므로 가까이 해서는 안 된다. 악을 행하는 사람을 본다면 이를 눈감아 주거나, 대수롭게 여기지 말고 악행을 끊도록 도와주어야 할 것이다.

＊볼 견, 착할 선, 같을 여, 아닐 불, 미칠 급 / 볼 견, 악할 악, 같을 여, 찾을 탐, 끓일 탕

가난한 사람이라도
무엇이든 할 수 있다

"사람이 빈궁해지면 큰 뜻을 품지 못하고,
말이 야위면 털이 길어진다."

人窮志短, 馬瘦毛長。
인 궁 지 단 , 마 수 모 장

– 말이 잘 관리된 건 털을 보고 말한다. 고르고 윤기가 나야 건강하다는 평가를 받는다. 말
이 야위면 털만 길어지므로, 손질이 힘들기에 꾸준히 신경써줘야 한다. –

　가난하면 많은 것에서 망설이게 된다. 또한 많은 제약이 생기고 인생
이 장애물 경주마냥 험난하다. 이들은 뜻을 굽히게 하고, 좌절하게 만들
기도 한다. 하지만 그렇다고 쉽게 한계를 인정하고 가던 길을 멈추지 말
라. 박수를 받는 사람은 환경에 굴복하고 주저앉은 이가 아니라, 마지막
까지 나아가는 이라는 걸 기억하자.

＊사람 인, 궁할 궁, 뜻 지, 짧을 단 / 말 마, 여윌 수, 터럭 모, 길 장

조급할수록
침착해야 한다

"자기 마음이 급하면,
다른 사람이 바쁜 것을 알지 못한다."

自家心裏急, 他人未知忙。
자 가 심 리 급 , 타 인 미 지 망

- '자가당착(自家撞着)'은 자기의 언행이 앞뒤가 모순되어 일치하지 않음을 뜻하는 사자성어다. '자가'는 문자 그대로 자신의 집, 자택이지만, '자기(自己)'의 뜻으로도 사용된다. -

마음이 급할수록 시야는 좁아진다. 보이지 않게 되고, 다른 사람의 말도 귀에 들어오지 않는다. 하지만 이럴 때일수록 심호흡을 하고 모든 것을 냉정히 살펴보아야 한다. 실수는 급할 때 나오는 법이고, 신중하지 못하면 실패하기 쉽다. 내가 급하게 일을 하다 놓친 것은 없는지, 혹은 누군가에게 피해를 입히지는 않았는지 되살펴 보아야 할 것이다.

＊ 스스로 자, 집 가, 마음 심, 속 리, 급할 급 / 다를 타, 사람 인, 아닐 미, 알 지, 바쁠 망

실수를 한다는 건
성장의 증거이다

"처음 하는 일은 삼 년은 돼야 일이 이루어지고,
처음 먹는 만두는 삼 년은 입에 맞지 않다."

初入行業, 三年事成,
초 입 행 업 , 삼 년 사 성

初吃饅頭, 三年口生。
초 흘 만 두 , 삼 년 구 생

어떤 일이든 처음에는 어렵고 서툴기 마련이다. 또한 그것에 따른 결과
도 쉬이 나오지 않는 법이다. 직장을 다니든 사업을 하든 처음 시작하는
3년 정도는 자리를 잡는 시기라 여기는 것이 좋다. 3년의 시간 동안은
배우고 익히는 시기로 생각하고 생각처럼 잘 되지 않는다 하더라도 숙고
하여 견뎌내야 한다. 일이든, 음식이든, 사람이든 새로운 것에는 익숙해
지기 위한 그만큼의 시간이 필요하다.

---

* 처음 초, 들 입, 행할(다닐) 행, 업 업 / 석 삼, 해 년, 일 사, 이룰 성 / 처음 초, 먹을(말 더듬을) 흘, 만
두 만, 머리 두 / 석 삼, 해 년, 입 구, 날 생

봄을 즐기려면
겨울에 준비해야 한다

"가을이 오니 온 산이 빼어난 색으로 가득하고,
봄이 오니 온 세상이 꽃향기로 가득하다."

秋至滿山多秀色, 春來無處不花香。
추 지 만 산 다 수 색 , 춘 래 무 처 불 화 향

– 부정어 '불(不)'과 '무(無)'의 의미가 겹쳐 긍정이 되었다. '꽃향기가 풍기지 않는 곳이 없다'로
강한 긍정을 표현했다. 봄을 부정적으로 바라보는 격언은 거의 없다. '봄 춘(春)'은 '움직이다',
'젊음', '정욕' 등 생동감 넘치는 뜻으로 비유된다. –

누구에게나 빼어난 색으로 물드는 가을의 시간이 오고, 꽃향기로 가
득 차는 봄의 시간은 온다. 겨울이 있다는 건 분명 봄이 온다는 걸 의미
하고, 눈이 쌓여 얼어붙은 것은 반드시 녹기 마련이다. 그러므로 새 계절
이 왔을 때에 충분히 만끽할 수 있도록 항상 준비해야 한다. 미처 준비
가 되어 있지 않아 계절이 바뀐 줄도 모르거나, 봄의 아름다움을 놓쳐서
는 안 될 것이다.

＊가을 추, 이를 지, 찰 만, 메 산, 많을 다, 빼어날 수, 빛 색 / 봄 춘, 올 래, 없을 무, 곳 처, 아닐 불, 꽃
화, 향기 향

반전매력은
내면에서 나온다

"사람은 겉모습으로 판단할 수 없고,
바닷물은 곡식을 되는 말로 측량할 수 없다."

凡人不可貌相, 海水不可斗量。
범 인 불 가 모 상 , 해 수 불 가 두 량

사람의 역량은 외모로 판단할 수 없다. 외모가 주는 호감 요소는 분명 있지만, 그것만으로 단순하게 그런 사람일 것이라고 단정 지어서는 안 된다. 덩치가 커 호탕할 것 같지만 섬세함을 지니고 있거나, 험악하게 생겨 무서울 것 같지만 누구보다 따스하고 상냥한 반전외모의 주인공들을 이미 충분히 봐오지 않았던가. 사람의 성품은 오래 두고 보아야 알 수 있는 법이다. 겉모습만 가지고 그 사람을 판단하는 것은 자신이 편견에 빠진 사람임을 증명하는 것과 마찬가지이다.

* 무릇 범, 사람 인, 아닐 불, 옳을 가, 모양 모, 서로 상 / 바다 해, 물 수, 아닐 불, 옳을 가, 말 두, 헤아릴 량

재주가 있어도 발휘하지 못하면 무용지물이다

"집에 좋은 만 이랑의 밭이 있어도, 작은 재주가 하나 있는 것만 못하고, 재주가 많으면 집을 건사하지 못하고, 먹을 것이 많으면 다 씹지 못한다."

家有良田萬頃, 不如薄藝在身,
가 유 양 전 만 경 , 불 여 박 예 재 신

藝多不養家, 食多嚼不嬴。
예 다 불 양 가 , 식 다 작 불 영

금수저를 부모로부터 받았다 하더라도, 자신이 금수저를 만드는 능력을 가진 것에 비할 수는 없다. 많은 능력이 있다 하더라도 그것을 하나라도 제대로 발휘하지 않으면 소용없는 능력일 뿐이다. 또한 가진 것이 많아도 건강하지 못하면 무의미하며, 건강하더라도 움직이지 않으면 소용이 없다. 자신의 재능을 펼치는 삶을 산다면 그만큼 유익한 인생도 없을 것이다.

＊ 집 가, 있을 유, 좋을(어질) 양, 밭 전, 일 만 만, 이랑 경 / 아닐 불, 같을 여, 엷을 박, 재주 예, 있을 재, 몸 신 / 재주 예, 많을 다, 아닐 불, 기를 양, 집 가 / 밥 식, 많을 다, 씹을 작, 아닐 불, 남을 영

위선자를 도와줄 사람은
아무도 없다

"사심을 가지고 마음을 쓰면,
오히려 자신을 해하게 된다."

使心用心, 反害自身。
사 심 용 심 , 반 해 자 신

사리사욕을 채우기 위한 행동은 언젠가 자신에게 독이 되어 돌아온다. 사심을 가지고 마음을 쓰는 자를 '위선자'라고 한다. 위선적인 행동은 언젠가 모두 드러나게 마련이므로 이런 사람을 멀리해야 함은 인지상정이다. 사욕은 배를 채워 주지만 계속해서 탐하다 보면 사람을 병들게 한다. 자신이 병들었음을 깨닫고 난 뒤, 도움을 청하기 위해 주위를 둘러보면 그제야 자신의 곁에는 아무도 없음을 깨닫게 될 것이다.

＊ 하여금 사, 마음 심, 쓸 용, 마음 심 / 돌이킬 반, 해할 해, 스스로 자, 몸 신

자수성가한 사람의 공통점은 환경을 변화시켰다는 점이다

"잡초 속에서도 난초의 향기가 나기도 하며,
초가집 속에서도 관리나 왕이 나기도 한다."

蒿草之下, 或有蘭香,
호 초 지 하 , 혹 유 란 향

茅茨之屋, 或有公王。
모 자 지 옥 , 혹 유 공 왕

누군가는 책 한 권 사 보기 어려운 환경 속에서도 학자가 되고, 누군가는 가난을 딛고 부자가 된다. 그들은 특별해서일까? 아니면 그럴 운명인 것일까? 그들은 그런 환경이라서 남들은 하지 않을 일을 '그럼에도 불구하고' 했기 때문에 남과 달라졌다. 환경을 탓하기 전에 자신을 되돌아보고, 핑계를 대고 하지 않는 자신을 먼저 찾아라. 당신이 불가능이라고 말하는 순간에도 그것을 가능으로 만드는 이가 있음을 기억하라.

＊쑥 호, 풀 초, 갈 지, 아래 하 / 혹 혹, 있을 유, 난초 란, 향기 향 / 띠 모, 지붕 일 자, 갈 지, 집 옥 / 혹
혹, 있을 유, 벼슬(공평할) 공, 임금 왕

자신에게 솔직하면
마음이 편하다

"만약 남이 몰랐으면 한다면,
오직 자기 자신이 하지 말아야 한다."

若要人不知, 除非己莫爲。
약 요 인 불 지 , 제 비 기 막 위

– 除 : '덜어주다', '감면하다'의 뜻이 있다. 확장되면 '임명하다', '벼슬을 주다'로 해석된다. 감면의 일차원적 대상은 '나'지만 벼슬에 오르면 국가가 된다. –

무슨 일을 하든 남이 아니라, 자신에게 떳떳해야 한다. 공직자가 뇌물을 받고 다른 사람의 편의를 봐준다면 돈을 손에 쥐고 잠시 기분이 좋을지는 몰라도 이후에는 그것을 들키지는 않을까 전전긍긍할 것이다. 하지만 그저 자신에게 떳떳하게 행동한다면 누군가의 시선에 움츠려들 일도 없이 항상 마음이 편하다.

* 같을 약, 요긴할 요, 사람 인, 아닐 불, 알 지 / 덜 제, 아닐 비, 몸 기, 없을 막, 할 위

자신의 능력을 발견하는 순간
인생이 춤을 춘다

"나라에는 빈 땅이 없고,
세상에는 한가한 사람이 없다."

國家無空地, 世上無閑人。
국 가 무 공 지 , 세 상 무 한 인

이 땅에 생명을 띠고 태어난 모든 것은 그 나름의 의미가 있고 역할이 있다. 사람도, 동물도, 식물도 모든 것이 그렇다. 아직 자신의 위치를 찾지 못했다면 발견하지 못한 것일 뿐이다. 자신의 능력을 찾아내지 못했을 뿐, 그 의미와 역할은 분명히 있다. 가능한 많이 보고, 많이 듣고, 많이 경험해 보아라. 당신이 아직 찾지 못했다는 건 당신이 보고 들은 선택지 안에 그것이 담겨져 있지 않았을 뿐이다.

＊ 나라 국, 집 가, 없을 무, 빌 공, 땅 지 / 인간 세, 위 상, 없을 무, 한가할 한, 사람 인

신념이 없다면 공든 탑이라도
언젠가 무너진다

"아무리 묘약이라도 원망하고 배반하는 병은 치료할 수 없고,
혼탁한 재물은 명이 다한 사람을 부유하게 하지 못한다."

妙藥難醫怨逆病, 混財不富窮命人。
묘 약 난 의 원 역 병 , 혼 재 불 부 궁 명 인

– 妙 : '묘하다'는 '색다르다'는 뜻이다. 특이한 구석이 있고 기이하다는 뉘앙스로 뛰어남을 표
현한다. 묘기, 미묘, 묘안 등에 쓰이지만 '기묘하다'와 혼동해선 안 된다. '기(奇)'는 '괴상하다'
의 의미가 강하므로 '묘하다'와 다른 의미다. –

외부적으로 아무리 좋고 값진 것들을 챙긴다 하더라도 스스로의 신념
이나 선의가 세워지지 않으면 무너져 버리는 돌탑과도 같다. 자신을 값
지게 만들어라. 주어져서 부자가 되는 것이 아니라, 쥘 수 있어서 부자가
되는 사람이 되어야 한다. 같은 칼이라도 누군가는 이것으로 사람을 살
려 은인이 되고, 누군가는 이것으로 사람을 죽여 원수가 되는 법이다.

* 묘할 묘, 약 약, 어려울 난, 의원 의, 원망할 원, 거스릴 역, 병 병 / 섞을 혼, 재물 재, 아닐 불, 부유할
부, 다할 궁, 목숨 명, 사람 인

말이 길어지면
잔소리가 될 뿐이다

"한 마디의 말이 적합하지 않으면,
천 마디의 말도 소용없다."

一言不中, 千言不用。
일 언 불 중 , 천 언 불 용

다른 말이 다 맞아도 한 가지가 자신의 생각과 어긋났다면 나머지는
귀에 들어오지 않게 된다. 그렇기에 필요한 말은 가능한 적게 하는 것이
좋다. 아무리 맞는 말이라 해도 말이 길어지면 잔소리로 여겨지게 되며
옳은 소리도 길어지면 거부감이 든다. 말이 길어지면 좋은 결과를 내기
어려워진다는 것을 명심하자. 맞는 말도, 좋은 소리도 적당히 하자.

＊한 일, 말씀 언, 아닐 불, 부합할(가운데) 중 / 일천 천, 말씀 언, 아닐 불, 쓸 용

진실은
다수결이 아니다

"한 사람이 전하는 거짓은
백 사람이 전하면 진실이 된다."

一人傳虛, 百人傳實。
일 인 전 허 , 백 인 전 실

잘못된 소문도 여러 사람에게 전해지고, 부풀려지다 보면 진실이 왜곡되기도 한다. 소문 하나에 회사가 망하는 경우도 있고, 억울한 상황에 처해 큰 피해를 입는 사람들도 있다. 이처럼 누군가가 잘 알아보지도 않고 쉽게 뱉은 그 말이 힘을 발휘해 다른 이의 인생을 흔들 수도 있는 것이다. 소문은 힘이 세다고 하였으니, 무서운 힘이 밖으로 나가지 않도록 신중하게 언행에 조심하여야 한다.

＊한 일, 사람 인, 전할 전, 빌 허 / 일백 백, 사람 인, 전할 전, 참됨(열매) 실

문제를 해결하는 것보다
없는 게 낫다

"만금의 좋은 약도,
병이 없느니만 못하다."

萬金良藥, 不如無疾。
만 금 양 약 , 불 여 무 질

– 金 : 격언에 등장하는 '금'은 재물로 해석될 때 부정적이지만 '단단함'을 뜻할 때는 강한 의지력을 의미한다. 노력 없이 벼락부자가 된다는 '일확천금(一攫千金)', 쇠와 돌같이 굳게 맹세한 약속이라는 '금석맹약(金石盟約)'이 있다. –

　손자병법에 보면 '가장 좋은 승리는 싸우지 않고 이기는 것이다'는 말이 있다. 아무리 잘 싸우고 대처를 훌륭히 한다 하더라도 싸움이나 문제가 일어나지 않는 것이 가장 좋다는 의미이다. 문제가 일어난 다음을 생각하는 것이 아니라, 문제가 발생하지 않도록 대비하는 삶을 산다면 인생의 걱정을 크게 덜 수 있다.

＊ 일만 만, 쇠 금, 좋을(어질) 양, 약 약 / 아닐 불, 같을 여, 없을 무, 병 질

신이 아니라면 그 누구도
미래를 알지 못 한다

"세상 모든 일이 밝은 거울 같다 해도,
앞길은 어두운 칠흑 같다."

世事如明鏡, 前程似暗漆。
세 사 여 명 경 , 전 정 사 암 칠

— 程 : '법칙', '규정'의 뜻이 아니라 '길'이란 의미로 쓰였다. —

　　세상사에 통달하였다 해도 자신의 앞날은 예측할 수 없는 게 사람이다. 그러니 항상 겸손하고 허세를 떨거나 허언을 해서는 안 된다. 일을 진행할 때도 바로 앞에 놓인 일에 치중하느라 못 보는 것은 없는지, 지금의 자리에서 떨어져 객관적으로 상황을 보고 판단해야 한다. 늘 자신감은 가지되, 자만심은 버려야 하는 것이다.

* 인간 세, 일 사, 같을 여, 밝을 명, 거울 경 / 앞 전, 길 정, 닮을 사, 어두울 암, 옻 칠

자신에게는 벌을,
남에게는 은혜를 베풀어라

"군자는 형벌을 생각하나,
소인은 은혜를 생각한다."

君子懷刑, 小人懷惠。
군 자 회 형 , 소 인 회 혜

현명한 자는 타인의 좋은 평가에도 안주하지 않는다. 지금보다 더 성장하기 위해 스스로에게 질문을 던지며 부족한 점을 꾸짖는다. 허나 어리석은 사람은 그저 운에 맡기거나 대충 넘어가려 한다. 한 번쯤 그냥 눈감아주길 바라며 말이다. 벌은 자신에게 가장 먼저 주되, 은혜는 남에게 가장 먼저 베풀어야 진정한 현인이다.

＊ 군자(임금) 군, 아들 자, 품을 회, 형벌 형 / 작을 소, 사람 인, 품을 회, 은혜 혜

행복은 주어진 것을
소중히 할 때부터 시작된다

"좋은 밭이 만 이랑이나 있어도, 하루 먹는 것은 한 되일 뿐이고,
방이 천 칸이나 되는 큰 집이라도, 잠을 잘 때 쓸 공간은 여덟 자뿐이다."

良田萬頃, 日食一升,
양 전 만 경 , 일 식 일 승
大廈千間, 夜眠八尺。
대 하 천 간 , 야 면 팔 척

어쩌면 내게 꼭 필요한 건 그리 많은 게 아닐 수도 있다. 오늘 먹을 양식과 내가 누워 잠을 청할 곳이 있다면 그것만으로도 감사한 것이다. 남들에게 보이는 것 때문에 필요한 것 이상을 추구하고 욕심 부리고 있는 걸지도 모른다. 그래서 행복하고 감사하게 여길 만한 것들을 두고도 오히려 부족하다고 생각해 불행을 자초한다. 이미 우리는 충분한 행복을 손에 쥐고 있는데, 그것보다 더 큰 것을 노리는 것은 아닌지 돌아보아야 한다.

---

* 좋을(어질) 양, 밭 전, 일 만 만, 이랑 경 / 날 일, 밥 식, 한 일, 되 승 / 큰 대, 문간방 하, 일천 천, 사이 간 / 밤 야, 잘 면, 여덟 팔, 자 척

따뜻한 말 한 마디면 충분하다

"좋은 말 한 마디는 겨울도 따뜻하게 보내게 하고,
화목하지 못하면 6월에도 춥게 느껴진다."

好言一句三冬暖, 話不投機六月寒。
호 언 일 구 삼 동 난 , 화 불 투 기 육 월 한

살아가면서 평소 사람들에게 얼마나 좋은 얘기를 하고 있는가? 칭
찬과 같은 좋은 말보다는 단점이나 불평, 불만에 대한 이야기를 더 하
며 살아가고 있진 않은가? 때로는 누군가에게 건넨 따뜻한 말 한 마디
가 그 사람의 인생을 바꿀 수 있고, 살아가는 희망이 되기도 한다. 당신
에게 얼마든지 쓸 수 있는 만병통치약이 있으니, 그것은 바로 말이다. 말
한 마디가 힘을 내게 해 주기도, 용기를 주기도, 위로가 되어 주기도 한
다. 아무리 써도 닳지 않는 이 약을 마음껏 베풀며 살길 바란다.

---

*좋을 호, 말씀 언, 한 일, 글귀 구, 석 삼, 겨울 동, 따뜻할 난 / 말씀 화, 아닐 불, 던질 투, 틀 기, 여섯
육, 달 월, 찰 한

모든 것은 나로부터

11月

사람이
우선이다

"천 권의 경전과 만 권의 책을 읽는다 해도,
효와 의가 우선이다."

千經萬典, 孝義爲先。
천 경 만 전 , 효 의 위 선

아무리 많은 책을 읽고 학식이 높더라도 부모를 공경하지 않고 효를
행하지 않는다면 무슨 소용이 있겠는가? 그리고 사람들과의 의리를 모
르는 사람이라면 경전의 말을 아는 것이 무슨 소용이 있겠는가? 이 세
상은 사람과 더불어 살아가는 곳이다. 무엇보다 우선시되어야 할 것은
지식이 아닌 사람이다. 모든 군자를 되돌아보면 그들은 항상 사람의 도
리를 앞서 생각하였음을 알 수 있다.

* 일천 천, 글 경, 일만 만, 법 전 / 효도 효, 옳을 의, 할 위, 먼저 선

마음 편한 곳이
명당이다

"하늘에 사는 인간이라도,
편한 것이 제일이다."

天上人間, 方便第一。
천 상 인 간 , 방 편 제 일

좋은 옷을 입고, 좋은 집에 살아도 내 마음이 불편하면 헝겊 조각을
두른 것만 못하고, 초가집보다도 못한 것이다. 낡은 옷을 입고, 단칸방에
몸을 뉘어도 내 마음이 편안하다면 그것이 명품이요, 천국과도 같다. 사
람도 마찬가지다. 마음이 편한 사람과는 하루 종일 붙어 있어도 좋지만,
불편한 사람과 함께 있는 것은 1분도 참기 힘든 법이다.

───────

＊ 하늘 천, 위 상, 사람 인, 사이 간 / 모 방, 편할 편, 차례 제, 한 일

행동하지 않으면
바뀌지 않는다

"사람은 다가가지 않으면 친해지지 않고,
물은 때리지 않으면 흐려지지 않는다."

人不走不親, 水不打不渾。
인 불 주 불 친 , 수 불 타 불 혼

한 사람이 매일 같이 로또에 당첨되게 해달라며 신께 기도를 올렸다. 하루도 거르지 않고 간절히 기도를 했지만 로또에 당첨되는 일은 없었다. 그는 화가 나서 신에게 따져 물었다.

"어찌하여 제 기도를 들어주지 않으시는 겁니까?"

그러자 신이 답했다.

"우선 로또부터 사고 기도를 하거라!"

＊사람 인, 아닐 불, 달릴 주, 아닐 불, 친할 친 / 물 수, 아닐 불, 칠 타, 아닐 불, 흐릴 혼

합당한 보상이 주어지는 곳에 가야 한다

"관아의 대문이 활짝 열려 있어도,
이치에 맞으나 돈이 없으면 들어가지 마라."

衙門八字開, 有理無錢莫進來。
아 문 팔 자 개 , 유 리 무 전 막 진 래

어쩌면 아이러니한 말일 수도 있다. 이치에 맞아도 돈이 없으면 들어가지 말라니? 그렇다면 재물을 보고 움직이란 말인가라고 해석할 수도 있겠지만, 이 말을 그렇게 해석하기보다 어떤 일이든 정당한 보상을 해주는 곳에서 일을 하란 뜻으로 받아들여야 한다. 아무리 좋은 뜻의 일이라도 그에 합당한 보상이 주어지지 않는다면 그 능력은 순수하게 발휘되지 못하고 불평불만만 늘어날 것이기 때문이다. 눈앞의 좋은 취지도 끝까지 좋게 남기 위해서 합당한 보상은 반드시 서로를 위해 주어져야 하는 것이다.

* 마을 아, 문 문, 여덟 팔, 글자 자, 열 개 / 있을 유, 다스릴 리, 없을 무, 돈 전, 없을 막, 나아갈 진, 올 래

능력을 길러야
돈이 따른다

"사람이 강한 것은 물건이 강한 것만 못하고,
가격이 높은 것은 말을 잘하는 것만 못하다."

人强不如貨强, 價高不如口便。
인 강 불 여 화 강 , 가 고 불 여 구 편

아무리 좋은 물건과 많은 돈이 주어진대도 그것을 다룰 능력이 없으면 쉽게 잃기 마련이다. 하지만 능력이 충분하면 가만히 있어도 이 모든 것이 주어진 것이나 다름없다. 또한 아무리 가격이 높다하더라도 이것을 다스릴 지혜와 언변이 있으면 공짜로도 받을 수 있다. 이것은 돈을 따라가지 말고 돈이 따라오게 만들라는 말과도 상통한다. 부가적인 것으로 나를 대변하지 말고 나로 인해 부가적인 것이 이루어지도록 만들어야 진정한 자신의 것이 된다.

* 사람 인, 강할 강, 아닐 불, 같을 여, 재물 화, 강할 강 / 값 가, 높을 고, 아닐 불, 같을 여, 입 구, 편할 편

부자는 푼돈이라도
가볍게 생각지 않는다

"부는 작은 것에서부터 일어나고,
가난은 그것을 계산하지 않기 때문이다."

富從升合起, 貧因不算來。
부 종 승 합 기 , 빈 인 불 산 래

부자들은 10원, 100원을 가벼이 여기지 않는다. 하지만 경제적으로 여유롭지 않은 사람들이 오히려 10원, 100원을 우습게 여기고 쉽게 쓴다. 계단은 하나씩 밟고 올라가지 않으면 정상에 도달할 수 없다. 하나하나를 단계적으로 밟고 올라가야만 높은 곳까지 올라갈 수 있는 것이다. 부도 마찬가지다. 작은 돈이 모여 큰돈이 되는 것이지 눈앞에 갑자기 큰돈이 나타나는 요행은 이루어지지 않는다. 설령 그렇게 이루어진다 하더라도 그것은 한순간에 사라질 거품과도 같은 것일 뿐이다.

* 부유할 부, 좇을 종, 되 승, 합할 합, 일어날 기 / 가난할 빈, 인할 인, 아닐 불, 셈 산, 올 래

상인과 손님은 필수불가결한 관계이니 배려심이 필요하다

"물건을 사려는 사람은 상인이 두렵고,
물건을 팔려는 사람은 손님이 두렵다."

會買買怕人, 會賣賣怕人。
회 매 매 파 인 , 회 매 매 파 인

　　사람은 모두 각자의 위치에 따라 입장이 다르다. 물건을 사려는 사람은 파는 사람의 눈치를 살펴 좀 더 싼 값에 좋은 물건을 사려하고, 물건을 파는 사람은 좀 더 비싸게 팔아 많은 이윤을 남기려 한다. 이들은 모두 다른 위치에 있는 것 같지만, 실은 이와 같이 사고파는 행위를 통해 각자의 이득을 취하려는 목적을 갖고 있다. 관계에 있어 자신이 원하는 것만 고집한다면 결코 좋은 결과를 얻지 못하지만, 각자 원하는 바를 조금씩만 양보한다면 양쪽 모두 행복한 결과를 얻을 수 있다. 상인과 손님뿐만 아니라, 우리가 만나는 모든 이들을 배려심으로 대한다면 사람으로 인해 우는 날보다 웃는 날이 더 많아지게 될 것이다.

＊ 모일 회, 살 매, 살 매, 두려워할 파, 사람 인 / 모일 회, 팔 매, 팔 매, 두려워할 파, 사람 인

앎과 모름

"이미 알았으면 원망하지 말고,
알지 못하면 거들지 마라."

既知莫望, 不知莫向。
기 지 막 망 , 부 지 막 향

이미 일어난 일을 원망한다고 달라지는 것은 없다. 상황을 수긍하고 그에 맞는 판단과 대처를 하는 것이 현명한 일이다. 또한, 자신이 알지 못하는 일에 나서 괜히 핀잔을 받을 필요도 없다. 이런 사람들은 신뢰를 얻지 못한다. 그러나 반대로 자신이 잘 아는 일인데도 방관하는 태도는 좋지 않다. 자신이 잘 알고 도와줄 수 있는 부분이라면 적극적으로 나설 수 있어야 한다.

＊ 이미 기, 알 지, 없을 막, 바랄 망 / 아닐 부, 알 지, 없을 막, 향할 향

부드러움이
강함을 이긴다

"자애로운 자는 병사를 장악하지 않고,
의로운 자는 재산을 장악하지 않는다."

慈不掌兵, 義不掌財。
자 불 장 병 , 의 불 장 재

– 掌 : '손'을 가리키는 만큼 뜻도 다양하다. '솜씨', '수완'이 확장되어 빠져나오지 못한다는
'늪', '웅덩이'라는 뜻도 있다. 또한 '주장하다', '바로잡다'로도 사용된다. –

　예전에는 '강직한 카리스마'의 리더를 원했다면 요즘은 '부드러운 카리스마'를 가진 리더 유형을 선호한다. 독재적인 체제로 억압하고 제한하는 것이 아니라, 자유분방하고 각자의 기질을 충분히 발휘할 수 있도록 하는 것을 더 선호하는 것이다. 규율이 아닌 신뢰로 전체의 능력을 최대한 끌어낼 수 있는 관계야말로 서로가 승리할 수 있는 최고의 관계가 아니겠는가.

＊ 사랑 자, 아닐 불, 맡을(손바닥) 장, 병사 병 / 옳을 의, 아닐 불, 맡을(손바닥) 장, 재물 재

넓은 세상을 보려거든
하나라도 더 배워야 한다

"어릴 때 배우고 노력하지 않으면,
나이가 들어서 상심하며 슬퍼한다."

少時不努力, 老大徒傷悲。
소 시 불 노 력 , 노 대 도 상 비

어릴 때는 배우기 쉬우나 그 필요성을 몰라 보내고, 나이가 들어서는 배움이 절실하지만 그것을 깨우칠 머리가 부족해 슬퍼한다. 배움에 끝은 없다. 평생을 배워도 부족하고, 배워야 할 새로운 것들은 계속 나오기 마련이다. 그러니 이 나이에 뭘 배우겠냐며 외면하지 말고, 필요 없다고 미루지 말아야 한다. 넓은 세상에서 다양한 경험을 하고 싶은가? 그렇다면 배움의 기회가 있을 때 꼭 잡고, 하나라도 더 배우려고 노력해야 한다.

* 적을 소, 때 시, 아닐 불, 힘쓸 노, 힘 력 / 늙을 노, 큰 대, 무리 도, 다칠 상, 슬플 비

성공한 사람은
아침을 일찍 시작한다

"일찍 일어나면 세 가지가 빛나고,
늦게 일어나면 세 가지가 황망하다."

早起三光, 遲起三慌。
조 기 삼 광 , 지 기 삼 황

어느 아파트의 경비 아저씨는 이런 말을 했다. "아침 일찍 나가는 차
는 모두 고급차였습니다." 동서양을 막론하고 아침 일찍 일어나 그 시간
을 알차게 보내면 성공하는 삶을 살 수 있다고 많은 이들이 입을 모아
말해 왔다. 일찍 일어나는 새가 벌레를 잡듯이 하루를 일찍 시작하면 많
은 것을 얻을 수 있다. 남들보다 이른 아침을 맞고 시간 활용을 잘해서
앞서가는 사람이 될 것인가? 느지막이 일어나서 시간을 허비하는 사
람이 될 것인가? 선택은 자기 자신에게 달려 있다.

* 이를 조, 일어날 기, 석 삼, 빛 광 / 늦을 지, 일어날 기, 석 삼, 어리둥절할 황

고민을 버리고
현실에 충실하면 된다

"미래의 기대는 버리고, 과거를 그리워하지 말라.
때가 되면 좋은 친구를 만나고, 병은 좋은 처방을 만난다."

未來休指望, 過去莫思量。
미 래 휴 지 망 , 과 거 막 사 량
時來遇好友, 病去遇良方。
시 래 우 호 우 , 병 거 우 양 방

미래에 대한 막연한 기대는 버리고, 밝게 빛났던 과거의 시간은 내려놓아야 한다. 현재 하루하루를 최선을 다해 보낸다면 생각지도 못했던 미래가 다가올 수 있으며, 지난 화려했던 시간보다 더 멋진 시간을 맞이할 수도 있는 법이다. 지나가는 것도 때가 지났기에 흘러가는 것이며, 오는 것도 때가 이르렀기에 오는 것이다. 그저 지금에 충실하면 만사에 걱정할 일을 덜 수 있다.

---

* 아닐 미, 올 래, 쉴 휴, 가리킬 지, 바랄 망 / 지날 과, 갈 거, 없을 막, 생각 사, 헤아릴 량 / 때 시, 올 래, 만날 우, 좋을 호, 벗 우 / 병 병, 갈 거, 만날 우, 좋을(어질) 양, 모 방

떠난 말은 되돌릴 수 없으니 신중해야 한다

"사람들이 사사로이 이야기하는 것도
하늘이 듣는 것은 우레와 같다."

人間私語, 天聞若雷。
인 간 사 어 , 천 문 약 뢰

― 間 : 확장 의미로 '차별', '틈'이 있다. '몰래', '비밀리에' 등 부정어와 함께 쓰이기도 한다. ―

별 뜻 없이 입버릇처럼 하는 말도 쌓이면 자신의 것이 된다. 그리고 내가 한 모든 얘기는 결국 자신에게 되돌아오는 법이다. 퍼지지 않을 것이라 생각해 몰래 한 누군가의 험담은 결국 돌고 돌아 당사자의 귀에 들어가게 된다. 어떤 이야기도 입에서 나가는 순간 세상 모든 이가 들을 것이라 생각하며 말해야 한다.

＊사람 인, 사이 간, 사사 사, 말씀 어 / 하늘 천, 들을 문, 같을 약, 우레 뢰

가졌다는 생각이 들 때가
다음을 준비해야 할 순간이다

"맑을 때는 우산을 지니고,
배부를 때는 양식을 지녀라."

晴帶雨傘, 飽帶饑糧。
청 대 우 산 , 포 대 기 량

없을 때는 가지기 위해 노력해야 하고, 가졌을 때는 없을 때를 대비해야 한다. 사람들은 성공을 이루고, 부를 이룬 뒤에는 큰 노력 없이 현실에 안주하려고 한다. 오늘 내가 최신 기술을 가지고 있고, 남들보다 앞서 있다 하더라도 미래를 생각하지 않고 발전시키지 않는다면 그 기술은 뒤처지고 낡은 기술이 될 것이다. 가졌음에, 이뤘음에 취해 있지 말고 언제나 다음을 대비하라.

＊ 갤 청, 띠 대, 비 우, 우산 산 / 배부를 포, 띠 대, 주릴 기, 양식 량

무엇에도 악에
머무르지 말라

"아주 작은 악이라도,
남에게 권하지 말라."

一毫之惡, 勸人莫作。
일 호 지 악 , 권 인 막 작

– 毫 : 굵은 털, 짧은 털 모두 가리킨다. 격언에서는 작고 가늘다는 의미로 해석되었다. –

선을 권하지는 못할지언정 악을 행하라고 부추기지는 마라. 그리고 악을 권하는 것에도 그 결과에 대한 책임이 따른다는 점을 알아야 한다. 직접적으로 악행을 해야만 나쁜 것이 아니다. 누군가에게 악을 권하는 것과 악을 방관하는 것 역시 큰 잘못임을 명심해야 한다. 악의 근처에 있는 것만으로도 말썽이 일어나니 악이 존재하는 모든 곳에서 머무르지 말라.

* 한 일, 터럭 호, 갈 지, 악할 악 / 권할 권, 사람 인, 없을 막, 지을 작

착한 일에 규격이 정해져 있진 않다

"아주 작은 선이라도,
남에게 베풀어 행하라."

一毫之善, 與人方便。
일 호 지 선 , 여 인 방 편

선행에 작은 것은 없다. 모든 선행은 보다 더 큰 선행을 하게 만드는 기폭제가 된다. 한 가지의 작은 선행이 때론 세상을 바꾸기도 하고, 반대로 선행이 이루어지지 않게 되면 우리 모두는 그 고통을 어떤 식으로든 나눠 받게 된다. 내가 뿌린 선행이 돌고 돌아 눈덩이처럼 커져서 세상의 희망이 되고, 내가 행하지 않고 눈 감은 선행이 돌고 돌아 악행으로 변모되기도 한다. 그러므로 아무리 작은 선행이라도 지나치지 말고, 먼저 나서서 실천해 보자.

＊ 한 일, 터럭 호, 갈 지, 착할 선 / 더불 여, 사람 인, 모 방, 편할 편

내가 한 일은
언젠가 나에게 돌아온다

"남에게 폐를 끼치는 것은 화이고, 남에게 관용을 베푸는 것은 복이다. 주고 받으며 살아가다 보면 업보가 빠르게 찾아온다."

虧人是禍, 饒人是福。
휴 인 시 화 , 요 인 시 복

乘除加減, 報應甚速。
승 제 가 감 , 보 응 심 속

— 가감승제(加減乘除)한다는 말은 지나치게 계산적이고 손익을 추구하는 형태를 말한다. —

우리는 살면서 잘못을 하기도 하고, 때로는 좋은 일을 하기도 한다. 그리고 우리가 살면서 행하는 모든 일에는 응보가 따른다. 당장 그것이 눈앞에 펼쳐져 보이지 않더라도 내 자신이 응보를 불러온다는 점을 기억해야 한다. 생각지도 못한 행운이나 불운이 생겼다면 그것은 언젠가 내가 한 행동에서 나온 것이다.

＊ 이지러질 휴, 사람 인, 옳을 시, 재앙 화 / 넉넉할 요, 사람 인, 옳을 시, 복 복 / 탈 승, 덜 제, 더할 가, 덜 감 / 갚을 보, 응할 응, 심할 심, 빠를 속

현인들이 있었기에
선을 지킬 수 있었다

"성인들과 현인들의 글과 말은,
신도 흠모하고 귀신도 탄복한다."

聖賢言語, 神欽鬼伏。
성 현 언 어 , 신 흠 귀 복

과거 성현들의 글과 말은 수천 년이 흐른 지금에도 너무 적합하고 현명한 말들이 많다. 우리가 역사를 공부하고 고전을 읽는 이유는 성현들의 지혜를 배우기 위해서이다. 성현들이 남긴 유산을 통해 배우고 깨달을 수 있다는 것은 큰 축복이다. 선각자들로 인해 우리는 더 나은 선택과 현명한 판단을 할 수 있게 되었다. 그저 그들의 글과 말에 탄복할 것만이 아니라 우리도 더 나은 판단과 결과를 가지고 후세들에게 도움이 될 수 있는 가르침을 남겨야 할 것이다.

---

* 성인 성, 어질 현, 말씀 언, 말씀 어 / 귀신 신, 공경할 흠, 귀신 귀, 엎드릴 복

생각이 다르다고
배척해선 안 된다

"사람은 각자의 마음이 있고,
마음은 각자 보는 것이 다르다."

人各有心, 心各有見。
인 각 유 심 , 심 각 유 견

동상이몽이란 말처럼 같은 자리에서도 각자의 사심이 있고, 그 사심에 따라 보는 것이 다르다. 우유 한 잔을 보면서도 누군가는 자신이 마실 생각을 하지만, 누군가는 자식에게 주고 싶다는 생각을 하듯이 말이다. 그러나 이것은 틀린 것이 아니다. 그저 다르게 볼 뿐이다. 나의 마음이나 생각과 다르다고 하여 비판하고 비난할 수 없으며 그렇게 해서도 안 된다. 나의 생각처럼 다른 이의 생각도 이해하려는 마음에서부터 바라보아야 한다.

* 사람 인, 각각 각, 있을 유, 마음 심 / 마음 심, 각각 각, 있을 유, 볼 견

경험자가 스승이고
선생님이다

"말하는 것은 몸으로 겪은 것만 못하고,
듣는 것은 눈으로 보는 것만 못하다."

口說不如身逢, 耳聞不如目見。
구 설 불 여 신 봉 , 이 문 불 여 목 견

　들은 것만 가지고 이야기를 하는 사람은 직접 경험한 사람 앞에서는 침묵하게 된다. 100번 들은 이야기는 한 번 경험해 본 이야기를 따라올 수 없기 때문이다. 많은 사람들과 어울리다 보면 다양한 경험을 한 사람들 앞에서 내 시야가 얼마나 좁은지 새삼 깨닫게 된다. 번데기 앞에서 주름 잡듯이 그들 앞에서 어떤 이야기도 쉽사리 꺼낼 수 없다. 그렇기에 경험은 무엇과도 바꿀 수 없는 가장 소중한 재산이다. 성장의 가장 큰 스승은 실연, 실패, 가난이라는 말처럼 말이다. 겪어보지 않으면 알 수 없는 것들이 세상에는 많다.

---

* 입 구, 말씀 설, 아닐 불, 같을 여, 몸 신, 만날 봉 / 귀 이, 들을 문, 아닐 불, 같을 여, 눈 목, 볼 견

질투보다 축복이
살아가는 데 도움 된다

"남이 부귀한 것을 보면 기뻐하되,
그것을 질투하지 마라."

見人富貴生歡喜, 莫把心頭似火燒。
견 인 부 귀 생 환 희 , 막 파 심 두 사 화 소

– 燒 : '불사르다'가 확장되어 '불태우다', '애태우다'로 쓰인다. 애태움이 지나쳐 안달하게 되고
조급해짐을 표현했다. –

___

  남이 잘된 것을 진심으로 기뻐하고 축복하되 절대 질투심을 가져서는
안 된다. 질투는 나를 조급하게 만들고, 분노하게 만든다. 이렇게 조금씩
나를 갉아먹어 내 속에 모든 것이 비게 만들어 버린다. 하지만 누군가를
축복해 주면 그만큼 내 자신이 더 행복해지고, 풍요로운 마음을 갖게 된
다. 질투는 나를 침몰시키지만, 축복은 나를 채워 주는 길이 될 것이다.

___

＊볼 견, 사람 인, 부유할 부, 귀할 귀, 날 생, 기쁠 환, 기쁠 희 / 없을 막, 잡을 파, 마음 심, 머리 두, 닮
  을 사, 불 화, 불사를 소

이상적인 결과를 추구하며 준비해야 한다

"병사를 양성하는 데는 천 일이 걸리지만
쓰는 것은 한 순간이다."

養兵千日, 用在一時。
양 병 천 일 , 용 재 일 시

─ '쓸 용(用)'은 사람의 됨됨이와 붙어서 자주 쓰인다. 큰 재목이 작게 쓰이고 있다는 뜻인 대재소용(大材小用), 재목이 너무 커서 도리어 쓰기 어렵다는 재대난용(材大難用)이 있다. ─

하나의 일을 성사시키기 위해 많은 시간과 공을 들이지만 일 자체는 순식간에 끝나버린다. 허무하다 싶을 정도로 빨리 끝나버리지만 그 일에 대한 결과는 얼마나 많은 시간과 공을 들였는지에 따라 결정된다. 일을 계획할 때는 일 자체가 성사되는 것이 아니라, 일이 끝나고 나서 어떤 결과와 평가를 받는지를 생각하며 준비해야 할 것이다.

＊기를 양, 병사 병, 일천 천, 날 일 / 쓸 용, 있을 재, 한 일, 때 시

인재를 썩히는 건
국가의 잘못이다

"나라가 깨끗하면 인재가 대접을 받고,
집이 부유해지면 아이가 교만해진다."

國淸才子貴, 家富小兒嬌。
국 청 재 자 귀 , 가 부 소 아 교

– 貴 : '귀하다'. '신분이 높다'가 확장되어 '공경하다'. '존중하다' 등 귀하게 여김에 쓰인다. 또
한 값이 '비싸다'로 사용되어 성공, 재물 등의 한자어와 함께 사용된다. –

부패한 나라에서는 타락한 관리들이 활개를 치지만, 청렴한 나라에서
는 진정한 인재가 대접을 받는 법이다. 인재가 대접 받지 못하는 나라는
사실 재능이 있는 사람이 없어서가 아니라, 인재를 제대로 발굴하지 못
한 나라에 책임이 있다. 부패에 순응하지 못해 성공할 수 없다고 한탄할
것이 아니라, 강직한 인재를 찾아내지 못한 나라를 근심하고 염려해야
할 것이다.

＊ 나라 국, 맑을 청, 재주 재, 아들 자, 귀할 귀 / 집 가, 부유할 부, 작을 소, 아이 아, 뽐낼(아리따울) 교

타인을 헐뜯는 건
나를 욕하는 꼴이다

"아무리 날카로운 칼로 할퀴어도 상처는 치유되지만,
나쁜 말로 상하게 하면 한이 사라지지 아니한다."

利刀割肉傷可愈, 惡語傷人恨不消。
리 도 할 육 상 가 유 , 악 어 상 인 한 불 소

– 肉 : '고기' 외에 '살', '몸'의 뜻으로 쓰인다. '몸 기(己)', '몸 신(身)'을 대신한 이유는 마음의 상
처보다 더한 것이 없음을 극대화시키려 했다. –

실수로 받은 상처는 용서할 수 있지만, 실언으로 받은 상처는 용서하
기 힘들다. 말은 누군가를 위하고 감싸 주기 위해 하는 것이지, 상처주기
위한 용도로 말을 해서는 안 된다. 말은 영혼에 닿는 소리이므로 아물지
않는 상처를 주기도 하는 것이다. 그렇기에 말을 할 때는 항상 자중하고,
신중해야 한다. 당신에게서 나간 말은 결국 당신에게 다시 돌아올 것이
기에.

---

* 이로울 리, 칼 도, 벨 할, 고기 육, 다칠 상, 옳을 가, 나을 유 / 악할 악, 말씀 어, 다칠 상, 사람 인, 한
한, 아닐 불, 사라질 소

시간은 누구에게나
공평하게 주어진다

"세상에 가장 공평한 도리는 오직 백발이라,
귀인의 머리 위라 해도 용서한 적이 없다."

公道世間惟白髮, 貴人頭上不曾饒。
공 도 세 간 유 백 발 , 귀 인 두 상 부 증 요

시간은 상대를 가리지 않는다. 아무리 선인이라도, 부자라도 편애하는 일이 없다. 그렇기에 시간 앞에 누구나 겸손해야 하고, 자만해서는 아니 될 일이다. 우리는 그저 주어진 시간 동안 삶에 충실하고 최선을 다해야 할 뿐이다. 똑같이 주어진 시간이라도 살아있었던 의미가 오래도록 남는 삶을 살도록 노력해야 하니 말이다.

＊ 공평할 공, 길 도, 인간 세, 사이 간, 오직(생각할) 유, 흰 백, 터럭 발 / 귀할 귀, 사람 인, 머리 두, 위 상, 아닐 부, 일찍 증, 용서할(넉넉할) 요

노련한 사람일수록
겸손함으로 다가온다

"가득 찬 술병은 소리가 나지 않으나,
반만 찬 술병은 소리가 요란하다."

滿壺全不響, 半壺響叮當。
만 호 전 불 향 , 반 호 향 정 당

– 비슷한 뜻의 사자성어로 허장성세(虛張聲勢)가 있다. 헛되이 목소리의 기세만 높이고 실력
이 없으면서 큰 소리 치는 사람을 가리킨다. 말로는 백만을 일컬으나, 실제로는 허망한 호왈백
만(號曰百萬)도 있다. –

　나이가 들수록 어깨에 힘을 뺀다. 이것은 힘이 약해져서가 아니라, 노
련해지는 것이다. 아는 자일수록 말을 아낀다. 이것은 몰라서가 아니라,
말로 인해 가벼워지는 것을 경계하기 때문이다. 입은 무겁게, 머리는 가
볍게 하라. 많은 것을 알수록 침묵하고, 채워질수록 쉽게 넘어지지 않는
것은 결코 우연이 아니다.

* 찰 만, 병 호, 온전할 전, 아닐 불, 울릴 향 / 반 반, 병 호, 울릴 향, 신신당부할 정, 마땅 당

과욕은 다툼을
부를 뿐이다

"오랜 이익이 있는 일은 하지 말고,
여러 사람이 다투는 곳에는 가지 마라."

久利之事莫爲, 衆爭之地莫往。
구 리 지 사 막 위 , 중 쟁 지 지 막 왕

오랜 시간 이익을 추구한 곳에는 이미 그들만의 룰이 있고, 텃세가 있다. 이런 곳에서 내가 새롭게 이익을 추구하기란 쉽지 않은 일이다. 또한, 잦은 문제가 있는 곳에서는 괜한 오해와 불똥이 튈 수 있으니 아예 가지 않는 것이 현명하다. 문제가 될 만한 여지를 주고 문제가 생김을 한탄하는 것은 어리석은 일이다.

＊오랜 구, 이로울 리, 갈 지, 일 사, 없을 막, 할 위 / 무리 중, 다툴 쟁, 갈 지, 땅 지, 없을 막, 갈 왕

한 번 움직이면
될 일이다

"적은 실체가 허구보다 낫고,
어리석음이 교묘한 것보다 낫다."

少實勝虛, 巧不如拙。
소 실 승 허 , 교 불 여 졸

– 拙 : '옹졸하다'는 성품이 너그럽지 못하고 속이 좁음을 뜻한다. 확장 의미로 '불우하다', '곤
궁하다'가 있다. '재물이 없음'보다는 '졸작', '졸서'에 주로 활용된다. –

우리는 해야 할 일을 하기보다 말을 먼저 앞세우곤 한다. 이는 자신에
게 자극을 줄 수 있지만 실천이 없으면 점차 신뢰를 잃게 된다. 또한 실
천이 없는 말은 교묘한 합리화로 비춰질 수도 있다. 백 마디의 말보다 한
번의 행동이 더욱 진정성을 줄 수 있음을 기억하자. 우리가 토끼와 거북
의 경주 이야기를 두고두고 하는 것은 큰소리치는 능력자보다 어리석어
보일만큼 성실함을 지닌 자를 더 사랑한다는 것일 테니 말이다.

＊ 적을 소, 열매 실, 이길 승, 빌 허 / 공교할 교, 아닐 불, 같을 여, 어리석을(옹졸할) 졸

문제의 원인을 파악하고 대비하는 게 해결보다 중요하다

"백 번 싸워 백 번 이겨도 다툼이 없느니만 못하고,
만 마디 말이 만 번 들어맞더라도 침묵하는 것보다 못하다."

百戰百勝不如無爭, 萬言萬中不如一默。
백 전 백 승 불 여 무 쟁 , 만 언 만 중 불 여 일 묵

아무리 문제를 잘 해결했다 하더라도 문제가 생기지 않는 것이 낫고, 말은 잘하기도 힘들지만 참는 것이 더 어렵다. 그래서 일을 잘 해결하더라도 일이 일어난 것에 대한 책임을 묻는 것이고, 말하기보다는 경청을 더욱 중요하게 여기는 것이다. 일을 해결했다면 해결한 것에 만족해 있지 말고 일이 일어난 원인에 대해 검토하고, 말을 했다면 더 침묵하지 못함을 되돌아봐야 할 것이다.

＊일백 백, 싸움 전, 일백 백, 이길 승, 아닐 불, 같을 여, 없을 무, 다툴 쟁 / 일 만 만, 말씀 언, 일 만 만, 부합할(가운데) 중, 아닐 불, 같을 여, 한 일, 잠잠할 묵

원한을 사기보다
은혜를 베푸는 데 집중해야 한다

"원한은 정의로 갚고,
은혜는 은혜로 갚는다."

以直報怨, 知恩報恩。
이 직 보 원 , 지 은 보 은

　원망하는 마음이 드는 사람에게 정의로 대하고, 은혜를 베풀면 언젠가 자신도 그러한 은혜를 받을 수 있다는 것이다. 자신에게 잘못한 사람을 바른 도로 대한다는 것은 쉽지 않은 일이다. 하지만 원한이 또 다른 앙심을 불러오지 않을 수 있는 유일한 방법이다. 그러니 누군가를 원망하며 복수하려는 마음을 담지 말고, 은혜는 언젠가 반드시 갚는다는 생각을 항상 지녀야 한다.

* 써 이, 곧을 직, 갚을 보, 원망할 원 / 알 지, 은혜 은, 갚을 보, 은혜 은

또 다른 시작

12月

악한 곳에 머물면 자연스레
악이 스며든다

"붉은 빛을 가까이 하면 붉어지고,
먹을 가까이 하면 검어진다."

近朱者赤, 近墨者黑。
근 주 자 적 , 근 묵 자 흑

맹자는 직업에 귀천은 없다 하였지만, 직업을 고를 때는 신중해야 한다고 가르쳤다. 방패를 만드는 사람은 어떻게든 누군가를 지켜내기 위한 마음으로 만들지만, 화살을 만드는 사람은 어떻게든 누구를 해쳐야 하는 마음을 갖기 때문이다. 마음을 어떤 곳에 많이 쓰느냐, 어느 곳에 머무느냐에 따라 그 마음이 변하기 마련이며, 얼굴을 통해 그 기운이 드러나 보이게 된다. 그대가 주로 머무는 곳과 만나는 사람이 지금의 그대를 대변하는 것이다.

＊가까울 근, 붉을 주, 놈 자, 붉을 적 / 가까울 근, 먹 묵, 놈 자, 검을 흑

화합은 불가능을
가능하게 만든다

"부모와 자식이 화목하면 집안이 못 되는 일이 없고,
형제가 화목하면 집안이 나누어지지 않는다."

父子和而家不退, 兄弟和而家不分。
부 자 화 이 가 불 퇴 , 형 제 화 의 가 불 분

1+1=2라는 공식을 깨어버리는 가장 대표적인 관계가 바로 사람과 사람 사이이다. 두 사람이 화합하면 가히 불가능해 보이는 일도 해낼 수 있는 것이다. 하지만 반대로 화합하지 못하면 모든 것을 엉망진창으로 만드는 것도 인간관계다. 특히 가족이란 단위는 가장 쉽게 화합할 수 있는 단위이지만, 또한 사이가 좋지 않으면 산산조각 나버리고 서로 등을 돌린다. 화목한 가정을 유지하는 것은 세상 무엇과도 바꿀 수 없는 소중한 가치가 있음을 명심하자.

---

* 아비 부, 아들 자, 화할 화, 말 이을 이, 집 가, 아닐 불, 물러날 퇴 / 형 형, 아우 제, 화할 화, 말 이을 이, 집 가, 아닐 불, 나눌 분

부모를 웃게 해드리는 것이
효의 시작이다

"문을 나설 때는 하늘색을 보고,
집에 들어올 때는 얼굴색을 본다."

出門看天色, 進門看臉色。
출 문 간 천 색 , 진 문 간 검 색

초나라에 노래자라는 사람이 있었는데, 그는 일흔이라는 나이에도 부모 앞에서 색동옷을 입고, 춤을 추었다. 심지어 어린 아이처럼 일부러 넘어지고 우는 척도 했다. 그가 이런 행동을 한 것은 부모님이 웃으시길 바라는 마음에서였다. 그저 부모님이 행복해하셨으면 하는 마음으로 그런 행동을 한 것이다. 효는 그리 어렵고 멀리 있는 것이 아니다. 외출을 하고 들어설 때 부모님에게 오늘 하루에 대한 안부와 함께 안색을 살피는 것, 그것에서부터 시작하도록 하자.

＊ 날 출, 문 문, 볼 간, 하늘 천, 빛 색 / 나아갈 진, 문 문, 볼 간, 얼굴(뺨) 검, 빛 색

지나치게 겸손하면
기회를 날려버린다

"겸허는 미덕이지만,
지나치면 속이는 것이다."

謙虛美德, 過謙即詐。
겸 허 미 덕 , 과 겸 즉 사

벼는 익을수록 고개를 숙인다는 말처럼 우리는 항상 겸손을 강조한다. 겸손은 예의이자 미덕이다. 하지만 지나친 겸손은 자신과 상대방을 기만하는 것이다. 자신의 역량을 발휘할 수 있는 자리에서 지나친 겸손으로 나서지 않는 것은 하지 않으려는 것과 마찬가지다. 또한, 자신의 기회를 스스로 박탈해 버린 것과 같다. 미덕(美德)도 지나치면 비덕(非德)이 되어 버린다.

＊ 겸손할 겸, 빌 허, 아름다울 미, 덕 덕 / 지날 과, 겸손할 겸, 곧 즉, 속일 사

세상에
완벽한 것은 없다

"지혜로운 자라도 천 가지 생각 중에 간혹 실수가 있고,
어리석은 자라도 천 가지 생각 중에 간혹 얻을 만한 것이 있다."

智者千慮, 必有一失,
지 자 천 려 , 필 유 일 실
愚者千慮, 必有一得。
우 자 천 려 , 필 유 일 득

현명한 자라도 실수는 하는 법이고, 우둔한 자에게도 배울 것은 반드시 있다. 그러니 익숙하고 잘하는 것이라도 자만하지 말고 항상 최선을 다해야 할 것이며, 자신보다 못해 보이는 사람이라 하더라도 그에게 배울 점이 있다면 그것을 받아들여야 한다. 세상에 완벽이 없다면 완벽하게 현명한 사람도, 완전히 우둔한 사람도 없다는 것일 테니, 겸손을 벗삼아 자신을 경계하고 어떤 사람에게서든 무언가를 배우려는 자세를 가져야 할 것이다.

＊ 지혜 지, 놈 자, 일천 천, 생각할 려 / 반드시 필, 있을 유, 한 일, 잃을 실 / 어리석을 우, 놈 자, 일천 천, 생각할 려 / 반드시 필, 있을 유, 한 일, 얻을 득

미움을 사는 건 쉽지만
마음을 얻는 건 어려운 일이다

"한 사람과 친구가 되는 것은 아주 힘들고,
한 사람에게 미움을 사는 것은 한순간이다."

結交一人難上難, 得罪一人一時間。
결 교 일 인 난 상 난 , 득 죄 일 인 일 시 간

누군가와 친해지는 것은 쉽지만, 그 사람의 마음을 얻기는 쉽지 않다. 믿음은 돌탑을 쌓듯이 바닥에서부터 차곡차곡 쌓아올려야 하는 것이다. 친밀함 가운데 신뢰라는 돌을 쌓아 믿음을 만들기 때문에 이 과정이 얼마나 걸릴 지는 누구도 알 수 없다. 하지만 이것이 무너지는 것 또한 돌탑과도 같기에 하나의 작은 균열이 모든 것을 잃게 만든다. 말 그대로 공든 탑이 무너지는 것이다.

---

* 맺을 결, 사귈 교, 한 일, 사람 인, 어려울 난, 위 상, 어려울 난 / 얻을 득, 허물 죄, 한 일, 사람 인, 한 일, 때 시, 사이 간

구한 만큼 얻어지는 게
세상이다

"누구나 머리를 빗으면 헝클어진 머리가 없고,
정인의 눈에는 누구나 미녀로 보인다."

哪個梳頭無亂髮, 情人眼裏出西施。
나 개 소 두 무 난 발 , 정 인 안 리 출 서 시

— 서시(西施)는 중국 춘추시대의 월(越)나라 미인으로 이 격언에서 미녀를 지칭하는 말로 쓰였다. —

하려고 하면 할 수 있고, 보고자 하면 볼 수 있다. 즉, 사람은 모두 자신의 의지대로 무언가를 이루어 간다. 무언가 이루기를 바라며 했음에도 이루어지지 않았다면 채워지지 않았거나 때에 이르지 않았음이다. 어쩌면 세상은 지극히 당연하고 합당한 방식으로 돌아가고 있을지 모른다. 행한 만큼 이루고, 마음을 둔 만큼 보게 되는 당연하고 자연스러운 방식으로 말이다.

＊어찌 나, 날 개, 빗을(얼레빗) 소, 머리 두, 없을 무, 어지러울 난, 터럭 발 / 뜻 정, 사람 인, 눈 안, 속리, 날 출, 서녘 서, 베풀 시

보여주기 식의 삶은
허망할 뿐이다

"구슬이 연못에 빠지면 하천이 아름답고,
돌이 옥을 감추고 있으면 산이 빛난다."

珠沉淵而川媚, 石韞玉而山輝。
주 침 연 이 천 미 , 석 온 옥 이 산 휘

좋은 사람은 허름한 옷을 입어도 빛이 나는 법이고, 속 빈 사람은 아무리 많은 말을 해도 들을 말이 없다. SNS 활동이 습관화가 되어 버린 지금, 남들에게 보여주기 위한 거짓 삶을 살아가는 이들이 늘고 있다. 그런 삶은 진정 행복할까? 행복하게 웃고 있는 사진 뒤로 외롭고 허망한 시간을 보내고 있진 않을까? 진정 빛나는 삶은 자기 자신을 자랑스럽게 여기며 진취적으로 살아가는 것이다. 보이는 것이 아닌, 자기 자신을 채워 나가는 삶이야말로 진정한 의미의 풍요로운 삶일 것이다.

＊ 구슬 주, 잠길 침, 못 연, 말 이을 이, 내 천, 예쁠 미 / 돌 석, 감출 온, 구슬 옥, 말 이을 이, 메 산, 빛날 휘

사랑과 두려움은
공존한다

"석양을 보는 것은 더없이 좋으나,
다만 시간이 짧은 것이 두려울 뿐이다."

夕陽無限好, 只恐不多時。
석 양 무 한 호 , 지 공 불 다 시

소중한 사람이 생긴다는 것은 한편으로 근심이 늘어가는 것이다. 사랑하기에 잃는 것이 두렵고, 사랑하기에 몰라주는 것이 서러워진다. 행복감을 느끼는 동시에 두려움이 엄습하는 것도 마찬가지다. 이것 또한 지나가리라는 말처럼 언젠가는 이 사랑을 잃을까 봐, 언젠가는 이 시간이 끝나버릴까 봐 두려워한다. 하지만 끝날 때가 두려워 지금 주어진 행복과 사랑을 충분히 만끽하지 못한다면 그것처럼 어리석은 일도 없을 것이다.

＊ 저녁 석, 볕 양, 없을 무, 한할 한, 좋을 호 / 다만 지, 두려울 공, 아닐 불, 많을 다, 때 시

절실한 누군가의 손을 잡아줄 때
관계는 돈독해진다

"오랜 가뭄에 만난 장마는 타향에서 만난 옛 친구 같고, 신방에 촛불을 밝힌 것과 같고, 과거에 합격해 이름이 오른 것과 같다."

久旱逢甘霖, 他鄉遇故知,
구 한 봉 감 림 , 타 향 우 고 지
洞房花燭夜, 金榜題名時。
동 방 화 촉 야 , 금 방 제 명 시

— 旱 : '가뭄'은 '가물다'의 명사형이다. 땅의 물기가 바싹 마를 정도로 오랫동안 비가 오지 않음을 뜻한다. 확장 의미로 '사납다'가 있다. 사자성어로 가뭄에 콩 나듯이라는 한시태출(旱時太出), 가문 하늘에 자애로운 비라는 한천자우(旱天慈雨)가 있다. —

　평소 아무리 잘해주고 친하다 하더라도 절실한 때에 외면한다면 그 관계는 깨어지기 십상이다. 허나 그 절실한 시기에 따뜻하게 잡아준 손은 평생 잊혀지지 않는 법이다. 누군가가 당신에게 간절하게 무언가를 부탁한다면 이를 고려하여 거절하지 말고 부탁을 들어주어라.

* 오랠 구, 가물 한, 만날 봉, 달 감, 장마 림 / 다를 타, 시골 향, 만날 우, 연고 고, 알 지 / 골 동, 방 방, 꽃 화, 촛불 촉, 밤 야 / 쇠 금, 방 붙일 방, 제목 제, 이름 명, 때 시

사랑은 사람을
변하게 만든다

"꽃을 사랑하면 봄에 일어나는 것이 이르고,
달을 사랑하면 밤에 잠을 자는 것이 늦다."

惜花春起早, 愛月夜眠遲。
석 화 춘 기 조 , 애 월 야 면 지

　누군가를 사랑하게 되면 사람은 변한다. 늦잠을 자던 이가 아침형 인간이 되고, 느끼한 음식을 질색하던 이가 사랑하는 이를 따라 그 음식마저도 즐기면서 먹게 된다. 이처럼 누구나 사랑하는 것으로 이끌려 간다. 그것이 사람이든 물건이든 음식이든, 사랑하는 사람이 원하는 것을 따른다. 또 그런 자신을 발견하고 행복해 한다. 그렇게 누군가를 변하게 하는 것은 결국 사랑이다. 그대는 지금 무엇을 사랑하고 있는가?

＊아낄 석, 꽃 화, 봄 춘, 일어날 기, 이를 조 / 사랑 애, 달 월, 밤 야, 잘 면, 늦을 지

넘어졌을 때 스스로 일어난 사람은
다시 넘어져도 빨리 일어난다

"혼자 넘어졌다면 스스로 일어나야 하고,
남이 부축해 주기를 바라는 것은 모두 핑계 대는 것이다."

自己跌倒自己爬, 望人扶持都是假。
자 기 질 도 자 기 파 , 망 인 부 지 도 시 가

모든 것을 포기해 버리고 싶을 때가 있다. 누구나 그런 순간을 경험한
다. 큰 벽에 부딪혀 앞이 캄캄할 때, 넘어져 주저앉게 되었을 때 우리는
포기를 떠올리게 된다. 그리고 누군가 나를 도와주었으면, 누군가 제발
나 좀 살려 주기를 간절히 바란다. 하지만 우리는 스스로 털고 일어나야
한다. 포기하지 말고 계속 앞으로 나가다 보면 희망을 만날 수 있다. 삶
의 전환점은 항상 다음 모퉁이를 돌아서면 만나게 되고, 보이게 되니 말
이다.

＊ 스스로 자, 몸 기, 거꾸러질 질, 넘어질 도, 스스로 자, 몸 기, 긁을 파 / 바랄 망, 사람 인, 도울 부, 가
질 지, 모두(도읍) 도, 옳을 시, 거짓 가

말로써 비움을
채우려 하지 말라

"귀인은 말이 적고,
가난한 자는 말이 많다."

貴人語少, 貧子話多。
귀 인 어 소 , 빈 자 화 다

　현명해진다는 건 말의 경중을 이해한다는 것이다. 속이 채워진 자는 말로써 자신을 채우려 하지 않고, 깨달은 게 많은 자일수록 말로써 그것을 증명하려 하지 않는다. 빈 수레가 요란한 것처럼 아무리 많은 말을 한다 해도 비움을 채우기 힘들고 오히려 얕음을 드러내게 된다. 입에서 나오는 쓸데없는 말을 줄이고, 내실을 다진 사람은 누구에게나 가치를 인정받게 될 것이다.

＊ 귀할 귀, 사람 인, 말씀 어, 적을 소 / 가난할 빈, 아들 자, 말씀 화, 많을 다

힘들 때 비로소
보이는 것들이 있다

"나라가 어지러우면 훌륭한 장수를 생각하고,
집이 가난하면 어진 아내를 생각한다."

國亂思良將, 家貧思良妻。
국 란 사 양 장 , 가 빈 사 양 처

평소에는 그 사람의 자리가 얼마나 큰지 모르고, 얼마나 고마운 사람
인지 알지 못할 때가 많다. 하지만 상황이 여의치 않고, 가진 게 없어지
면 비로소 깨닫게 되는 것이 있다. 그 사람의 자리가 얼마나 컸었는지를
깨닫게 되고, 얼마나 많은 걸 받고 있었는지를 그때가 되어서야 느끼게
된다. 지금 내 주위를 둘러보고 내게 선물 같은 사람이 있음을 알게 되
었다면 항상 고마워하고 소중히 여기도록 하자.

＊ 나라 국, 어지러울 란, 생각 사, 어질 양, 장수 장 / 집 가, 가난할 빈, 생각 사, 어질 양, 아내 처

준비된 자는
두려울 것이 없다

"연못에 물을 가득 채워 가뭄을 방비하고,
밭을 깊이 갈아 집안을 충족히 한다."

池塘積水防秋旱, 田地深耕足養家。
지 당 적 수 방 추 한 , 전 지 심 경 족 양 가

유비무환(有備無患)이란 말처럼 앞으로 다가올 일들에 대한 준비가
미리 되어 있다면 어떤 일에도 당황하거나 곤란해 하지 않는다. 일어나
지 않은 일에 너무 걱정만 하여 아무것도 못하는 것도 어리석은 일이지
만, 너무 지금의 것만을 보며 앞으로의 일에 대한 준비와 계획이 없다면
그건 걱정이 앞서 멈춰선 자보다 나을 것이 없다.

* 못 지, 못 당, 쌓을 적, 물 수, 막을 방, 가을 추, 가물 한 / 밭 전, 땅 지, 깊을 심, 밭 갈 경, 충족할(발)
  족, 기를 양, 집 가

옳다는 것도
상대적임을 알아야 한다

"사람은 자신의 잘못을 알지 못하고,
소는 자신의 힘이 센 것을 알지 못한다."

人不知己過, 牛不知力大。
인 부 지 기 과 , 우 부 지 력 대

사람들은 앞만 보는 경주마처럼 내가 옳으면 다 옳다고 생각하는 경향이 있다. 자신이 믿는 것이나 행하는 것은 다 증명된 것이라고 확신하기 때문에 내가 믿는 것을 다른 사람들도 믿어야만 한다고 생각한다. 남의 눈의 티끌은 보고, 내 눈의 들보는 못 본다는 말이 있을 정도로 사람들은 자신의 허물에 어둡다. 내 선택이 잘못일 수 있다는 생각을 않는 것 자체가 아집에 빠지게 하는 것이다. 그러므로 주변을 살피고 자신의 잘못을 들여다볼 줄 아는 사람이 되도록 노력해야 한다.

＊ 사람 인, 아닐 부, 알 지, 몸 기, 지날 과 / 소 우, 아닐 부, 알 지, 힘 력, 클 대

요행은 행운이 아니다

"화에서 복을 얻을 수 있으나,
도박으로 구하면 반드시 진다."

因禍得福, 求賭必輸。
인 화 득 복 , 구 도 필 수

실패와 실수는 성장을 위한 축복이다. 제대로 잘하는 것보다 실수를 통해서 우리는 더 성장하게 되는 것이다. 물론 실수로 인해 자신이나 타인에게 고통을 줄 수도 있고, 좋은 기회를 망칠 수도 있으며 창피를 당할 수도 있다. 허나 조금만 더 생각해 보면 이것은 더 멋진 결과를 위한 것임을 알 수 있다. 실수를 통해 배우게 되는 것을 생각해 본다면 말이다. 하지만 이 실수를 운에만 맡기고 기댄다면 결국 실망만을 안게 될 것이다. 모든 열매는 피와 땀으로 맺는 법이니.

＊ 인할 인, 재앙 화, 얻을 득, 복 복 / 구할 구, 내기 도, 반드시 필, 보낼 수

선함을 앞세우면 어떤 유혹에도 흔들리지 않는다

"뿌리가 깊은 나무는 흔들리는 것을 두려워하지 않고,
나무가 바르면 그림자가 기울어진 것을 걱정하지 않는다."

根深不怕樹搖動, 樹正不愁月影斜。
근 심 불 파 수 요 동 , 수 정 불 수 월 영 사

뜻이 바르고 선하다면 일이 제대로 이루어지지 않는다 하더라도 고개를 당당히 들어 자신감을 가지고 행동하라. 그대의 일에 믿음이 있다면 당장의 결과가 나오지 않더라도 당당하게 굴어라. 누군가가 이것을 왜곡해도, 무엇이 흔들어 댄다 하더라도 그 뜻이 정당하지 못하게 되거나 결과가 흔들리지 않을 테니 무소의 뿔처럼 나아가면 될 뿐이다.

---

* 뿌리 근, 깊을 심, 아닐 불, 두려워할 파, 나무 수, 흔들 요, 움직일 동 / 나무 수, 바를 정, 아닐 불, 근심 수, 달 월, 그림자 영, 비낄 사

도(道)를 지키면
삶이 어렵지 않다

"마음을 닦는 자에게 권하노니 각자 자신의 본분을 지켜 나가라.
이것을 할 수 있다면 만에 하나의 실수도 없게 된다."

奉勸君子, 各宜守己。
봉 권 군 자 , 각 의 수 기
只此呈示, 萬無一失。
지 차 정 시 , 만 무 일 실

　사람이 자신의 본분을 지켜 나갈 수 있다면 언제 어디서 무엇을 하든
존중을 받게 된다. 사람의 본분이란 어려운 것이 아니다. 우리가 흔히 아
는 상식선의 도리일 뿐이다. 부모를 공경하고 사람과의 관계를 잘 유지
하며, 배려와 신념으로 중심을 잡아가는 것을 말한다. 즉, 올바른 삶으로
나아가고자 한다면 항상 본분을 지키며 살아가야 한다.

＊ 받들 봉, 권할 권, 군자(임금) 군, 아들 자 / 각각 각, 마땅 의, 지킬 수, 몸 기 / 다만 지, 이 차, 드릴
　정, 보일 시 / 일 만 만, 아닐 무, 한 일, 잃을 실

인생 선배의 말은
항상 귀담아 들어야 한다

"옛사람의 속어는,
말은 가벼울지라도 그 이치는 깊다."

前人俗語, 言淺理深。
전 인 속 어 , 언 천 리 심

나이가 들어갈수록 옛 어른들의 말장난 같은 속어들이 틀린 말이 없음을 깨닫게 된다. 그것은 직접 경험을 통해 체득된 말들이기 때문에 가벼워 보이지만, 오랜 시간이 담겨져 있으며, 많은 이들의 연륜이 묻어 있는 깊은 말이다. 그러니 아무리 자신이 더 잘 알고 똑똑하다 하더라도 어른들의 말을 허투루 듣지 말 것이며, 항상 고전과 역사에서 깨달음을 얻을 수 있도록 하자.

---

* 앞 전, 사람 인, 풍속 속, 말씀 어 / 말씀 언, 얕을 천, 다스릴 리, 깊을 심

망언하는 사람의 말을
받아들여서는 안 된다

"감초는 맛이 달아 사람이 먹을 수 있으나,
교언과 망언은 결코 들을 수 없다."

甘草味甜人可食, 巧言妄語不可聽.
감 초 미 첨 인 가 식 , 교 언 망 어 불 가 청

– 可 : '옳다'는 의미가 확장되어 '허락하다'로 쓰였다. 감초를 허락한다는 건 신중함을 뜻한다. '약방의 감초'라는 말이 있듯, 감초는 순하여 모든 약재와 잘 어울린다. 잎은 서로 어긋나 있으며 끝이 뾰족하다. 어떤 일이나 빠짐없이 끼어드는 불청객을 비꼴 때도 사용된다. –

교언보다 조언에 귀를 기울이고, 망령된 말보다 참된 소리를 깊이 새겨야 한다. 귀에 쓴 소리일수록 자신을 위한 말임을 깨닫고, 항상 겸손하고 열린 마음으로 들어야 한다. 교언과 망언을 일삼는 자를 늘 경계하고, 바른말을 하는 데 거침이 없는 자를 선별하여 곁에 둔다면 지금보다 더 나은 자신을 만날 수 있다.

* 달 감, 풀 초, 맛 미, 달 첨, 사람 인, 옳을 가, 밥 식 / 공교할 교, 말씀 언, 망령될 망, 말씀 어, 아닐 불, 옳을 가, 들을 청

할 수 있는 일이 없다는 건 핑계에 불과하다

"세상에 어려운 일이 없으나,
오직 몰두할 수 없음을 두려워한다."

世上無難事, 只怕不專心。
세 상 무 난 사 , 지 파 불 전 심

현실은 생각만큼 녹록하지 않고, 뜻대로 쉽게 되는 일도 별로 없다. 하지만 어려운 일이 있을 뿐 할 수 없는 일은 없다. 그저 힘들기 때문에 우리는 현실을 피하려 그럴듯한 핑계를 대는 것이다. 자신이나 다른 사람들에게 사실을 부풀려 포장하기도 하면서 말이다. 피하는 건 누구나 할 수 있는 쉬운 일이다. 잠깐은 피할 수 있을지 몰라도 머지않아 우리는 현실과 다시 마주해야만 한다. 하지 않는 일이 있을 뿐, 해내지 못할 일은 없다. 피하려 하지 말고 그것에 맞서라.

---

* 인간 세, 위 상, 없을 무, 어려울 난, 일 사 / 다만 지, 두려워할 파, 아닐 불, 오로지 전, 마음 심

마음대로 행동하는 어른은
어른이 아니다

"어른은 마음대로 하지 않고,
마음대로 하는 자는 어른이 아니다."

成人不自在, 自在不成人。
성 인 불 자 재 , 자 재 불 성 인

자유는 인간의 기본적인 권리다. 하지만 이 자유를 제어하지 못한다면 오히려 자유를 억압당하게 된다. 자유에는 늘 책임이 따른다. 그리고 그 책임을 제대로 지는 사람을 보고 우리는 어른이라 칭한다. 어른이 되면 제멋대로 살 수 있겠거니 생각하는 경우가 있지만, 그렇게 행동한다면 그것은 방종이지 자유가 아니다. 나이가 들어서가 아니라, 이것을 이해할 때 비로소 진정한 어른이 된다.

* 이룰 성, 사람 인, 아닐 불, 스스로 자, 있을 재 / 스스로 자, 있을 재, 아닐 불, 이룰 성, 사람 인

돈 때문에 사람을 잃는 과오를 범해선 안 된다

"쇠는 불로 단련하여야 비로소 그 색을 알고,
재물을 주고받아 보면 비로소 그의 마음을 안다."

金憑火煉方知色, 與人交財便知心。
금 빙 화 련 방 지 색 , 여 인 교 재 편 지 심

사람의 본심은 재물 앞에서 드러나기 마련이다. 적은 재물은 적은 재물대로, 큰 재물에는 큰 재물대로 그 사람의 본심이 드러난다. 이런 모습은 일상생활에서도 쉽게 찾아볼 수 있다. 식사를 하고 계산할 때의 모습이나 돈거래를 했을 때 빌려준 돈을 갚는 태도를 봐도 쉽게 엿볼 수 있다. 허나 재물로 사람을 잃게 되는 것만큼 어리석은 것도 없다. 떠난 재물은 다시 찾아올 수 있지만, 떠난 사람은 쉬이 돌아오지 않기 때문이다.

＊쇠 금, 기댈 빙, 물 화, 달굴 련, 모 방, 알 지, 빛 색 / 더불어 여, 사람 인, 사귈 교, 재물 재, 편할 편, 알 지, 마음 심

모든 현상에는
원인이 있다

"거지가 양식이 없는 것은,
나태하기 때문이다."

乞丐無糧, 懶惰而成。
걸 개 무 량 , 나 타 이 성

– 나타(懶惰)는 '나태'와 같은 뜻이다. 나태한 심리 상태를 말할 땐 나타심 혹은 나태심이라
부른다. –

원인 없는 결과는 없다. 가난하다면 부지런하지 못했기 때문이고, 건강하지 못하다면 자신의 몸을 돌보지 못했기 때문이다. 아무런 원인 없이 일어나는 일은 어디에도 없기에 자신에게 일어나는 모든 불행을 원망하고 한탄해서는 안 된다. 그러기보다는 자신의 시간을 되돌아보고 수정해 나가야 한다. 그것이 지금 일어난 불운에 대처하는 가장 최선의 선택이다.

＊ 거지(빌) 걸, 빌 개, 없을 무, 양식 량 / 게으를 라, 게으를 타, 말 이을 이, 이룰 성

부지런함은
성격이 아니라 능력이다

"부지런하고 검소함은 값을 매길 수 없는 보물이고,
양식을 절약하는 것은 자연의 이치를 깨닫는 길이다."

勤儉爲無價之寶, 節糧乃衆妙之門。
근 검 위 무 가 지 보 , 절 량 내 중 묘 지 문

위대한 일에는 항상 노력이 동반된다. 그리고 노력은 부지런한 자의 몫
이다. 누구나 온 힘을 다해 좋은 결과를 얻고자 하지만 뜻대로 되지 않
는 것은 끈기와 부지런함을 실천하지 않아서이다. 오랜 시간 한 직장에
서 일하며 돈을 모아 자수성가한 사람이 대단한 것은 그가 매일같이 보
여준 부지런함과 끈기, 검소함이 누구나 할 수 있는 간단한 일이 아니기
때문이다. 가장 평범한 일에 전심전력을 다했기에 가능한 일이다. 그것
은 결코 연봉 따위로 매길 수 있는 가치가 아니다.

---

* 부지런할 근, 검소할 검, 할 위, 없을 무, 값 가, 갈 지, 보배 보 / 마디 절, 양식 량, 이에 내, 무리 중,
  묘할 묘, 갈 지, 문 문

격노한 사람을
칭찬해주진 않는다

"한 마디 말을 양보하면 타인의 화가 되나,
한 번의 분노를 굽히면 평생의 복이 된다."

一言而讓他人之禍, 一忿而折平生之福。

일 언 이 양 타 인 지 화 , 일 분 이 절 평 생 지 복

말을 한 번 참을 때마다 한 번의 화를 면하게 되고, 한 번의 화를 굽히면 복을 불러오게 된다. 그것은 단순히 견뎌내라는 의미이기보다 내 입으로 뱉는 모든 말들과 내가 분출하는 모든 화는 결국 자신에게 돌아온다는 것을 염두에 두라는 뜻이다. 자신이 한 생각, 행동, 모든 말들에 대한 결과가 자신에게 되돌아오므로 감정이 격해졌을 때에는 자신의 기분도, 뱉는 말도 다시 한 번 숙고하여 삼켜야 한다.

＊한 일, 말씀 언, 말 이을 이, 사양할 양, 다를 타, 사람 인, 갈 지, 재앙 화 / 한 일, 성낼 분, 말 이을 이, 꺾을 절, 평평할 평, 날 생, 갈 지, 복 복

모든 일에 감사하다면
화를 복으로 바꿀 수 있다

"하늘에는 예측할 수 없는 바람과 구름이 있고,
사람에게는 조석으로 화와 복이 있다."

天有不測風雲, 人有旦夕禍福。
천 유 불 측 풍 운 , 인 유 단 석 화 복

– 단석(旦夕)은 아침과 저녁을 뜻한다. '저녁 석(夕)'에 '한 움큼'이란 의미가 있어 위급한 시기
나 혹은 절박함을 표현할 때 사용된다. –

매일매일 하루에도 수십 가지의 일들이 펼쳐진다. 그 일들이 좋은 일
일수도 혹은 언짢은 일일 수도 있지만, 모든 일들을 겸허하게 받아들인
다면 화는 복으로, 복은 더 큰 복으로 우리에게 돌아올 것이다. 예측할
수 없던 모든 일들을 그저 감사함으로 받아들일 수 있다면 모든 순간이
복으로 여겨지는 날이 올 것이다.

＊ 하늘 천, 있을 유, 아닐 불, 헤아릴 측, 바람 풍, 구름 운 / 사람 인, 있을 유, 아침 단, 저녁 석, 재앙 화,
복 복

운에도
계절이 있다

"때가 오면 은 천 냥을 빌리는 것도 쉽지만,
운이 가면 술 반병도 외상으로 구하기 어렵다."

時來易借銀千兩, 運去難賒酒半壺。
시 래 이 차 은 천 냥 , 운 거 난 사 주 반 호

운이라는 것이 있어, 하나를 해도 열을 얻는 시기가 있다. 운이 좋을 때는 세상 모든 것이 나를 돕고 있는 것 같은 느낌이 든다. 물 들어왔을 때 노를 젓는다는 말처럼 이때는 무슨 일이든 자신 있게 나아가는 것이 좋다. 하지만 모든 때는 지나가는 법. 어떤 일을 해도 잘 풀릴 때가 있다면 무엇을 해도 안 될 때도 있다. 운이 따를 때는 이에 취해 있는 것이 아니라 운이 없을 때를 대비해 두어야 할 것이다.

* 때 시, 올 래, 쉬울 이, 빌릴 차, 은 은, 일천 천, 냥 냥 / 옮길 운, 갈 거, 어려울 난, 세낼 사, 술 주, 반 반, 병 호

백 번 말해도 들으려 하지 않는다면
헛소리일 뿐이다

"문을 열고 들어가 호랑이를 잡긴 쉽지만,
입을 열어 남을 깨닫게 하기는 어렵다."

入門擒虎易, 開口告人難。
입 문 략 호 이 , 개 구 고 인 난

누군가를 말로써 변화시키기는 어렵다. 아무리 말하는 이가 선한 의
도를 가지고 말했다 하더라도, 듣는 이가 불쾌하게 들었다면 그것은 좋
은 말이 아니게 되고, 서로의 사이도 멀어지게 만들 수 있다. 호랑이는
잡으면 그만이지만, 말은 항상 내 의지와는 상관없는 결과를 맞이할 수
있음을 기억해야 한다. 말로 천 냥 빚을 갚기도 하지만, 그것도 듣는 귀
가 있는 자에게나 가능한 이야기이다.

---

* 들 입, 문 문, 노략질할 략, 범 호, 쉬울 이 / 열 개, 입 구, 고할 고, 사람 인, 어려울 난

지혜는 지식으로
쌓을 수 없다

"천하에 예의는 무궁하고,
한 사람의 지식은 유한하다."

天下禮儀無窮, 一人知識有限。
천 하 예 의 무 궁 , 일 인 지 식 유 한

지식에는 한계가 있으나, 지혜에는 한계가 없다. 아는 게 많다고 지혜로운 것은 아니다. 지식은 정보의 축적으로 생성된 것이지만, 지혜는 경험을 통해 얻어진 것이다. 지식은 타인에게서 전해 받을 수 있지만, 지혜는 스스로 내면에서부터 쌓이는 것이다. 또한 지혜로운 자는 예의를 아는 자이니, 이치를 아는 자 중에서 예의 없는 자를 본 적이 없다.

*하늘 천, 아래 하, 예도 예, 거동 의, 없을 무, 다할 궁 / 한 일, 사람 인, 알 지, 알 식, 있을 유, 한할 한

유아이북스의 책 소개

병법에서 비즈니스 전략을 읽다

- 후쿠다 고이치 지음
- 고전 / 자기계발
- 신국판 · 336쪽
- 정가 15,000원

선진시대부터 청나라까지의 모든 병법서를 연구했다. 현존하는 주요 병법서를 종합한 현대판 손자병법으로 단순히 책을 관통하는 법칙을 찾아내는 것이 아닌 현실에 응용할 수 있는 내용이 담겨 있다.

세상에 쓸모없는 사람은 없다

- 웨이완레이, 양셴쥐 지음
- 인문 / 자기계발
- 신국판 · 368쪽
- 정가 15,000원

《노자》에 담긴 경영 사상을 도(道), 덕(德), 유(柔), 무(無), 반(反), 수(水)로 종합해 설명하였으며, 현대 기업 경영에 적용하는 방법이 담겨 있다. 기업을 이끄는 데 필요한 경영 전략을 현실적으로 제시한다.

반성의 역설

- 오카모토 시게키 지음
- 인문 / 교육
- 국판 · 264쪽
- 정가 13,800원

저자는 교도소에 수감 중인 수형자를 교정지도하고 있는 범죄 심리 전문가다. 그는 수감자와의 상담을 통해 반성의 역설적인 면을 폭로한다. 이를 통해 진정한 반성이 무엇인지에 대한 고찰을 담고 있다.

누가 왕따를 만드는가

- 아카사카 노리오 지음
- 인문 / 사회
- 신국판 · 320쪽
- 정가 14,500원

차별 문제를 '배제'라는 키워드로 풀었다. 배제의 현상을 학교 내 따돌림, 노숙자 살인, 사이비 종교, 묻지마 범죄, 장애인 차별, 젊은이의 현실 도피 등 6개 주제로 나누어 분석했다.

생각의 크기만큼 자란다

- 장석만 지음
- 청소년 / 철학
- 국판 • 224쪽
- 정가 12,000원

남들과 다른 시각으로 세상을 바꾼 인물들의 이야기를 통해 창의적인 사고가 무엇인지를 그리고 있다. 2015년 대한출판문화협회와 한국출판문화진흥재단에서 '올해의 청소년교양도서'(종교·철학 도서 부문)로 선정된 바 있다.

모략의 기술

- 장스완 지음
- 인문 / 고전
- 신국판 • 288쪽
- 정가 14,000원

중국 역사상 가장 혼란했던 시기에 탄생한 처세의 교과서를 현대에 맞게 재탄생시켰다. 주변의 상태와 형세를 살피고 일을 정확하게 파악하는 기술, 재능 있는 인재를 올바르게 등용하는 방법 등 우리들에게 꼭 필요한 조언들로 가득하다.

우리 아이에게 정말 필요한 것은

- 문중호 지음
- 자녀교육
- 신국판 • 296쪽
- 정가 14,000원

학교에서는 교사이자 수업연구부장, 집에선 두 아이의 아빠이기도 한 저자의 특별한 교육 철학이 담겨 있다. 부모의 마음으로 매주 학부모들과 '월요편지'로 소통하는 그는 아이들에게 진정으로 필요한 교육이 무엇인가에 대해 책을 통해 묻는다.

삶의 뿌리, 인문학

- 다이애나 홍 지음
- 인문 / 자기계발
- 신국판 • 256쪽
- 정가 15,000원

인문학에 대한 새로운 시각을 제시한다. 역사적인 위인과 인문학이라는 신선한 조합을 통해서다. 활발한 강연 활동을 펼치고 있는 다이애나 홍 한국독서경영연구원 원장은 언뜻 공통점이 없어 보이는 인물들의 일대기를 인문학이란 실로 엮는다.

내 안의 마음습관 길들이기

- 수제, 진홍수 지음
- 심리 / 자기계발
- 신국판 • 264쪽
- 정가 13,500원

생활 속에서 흔히 경험하는 심리 현상을 소개하고, 사람들의 행동에 숨겨진 심리적 원인을 쉬운 언어로 해석했다. 더불어 자신의 마음을 다스리고, 원활하게 사회생활을 해 나갈 수 있는 구체적인 방법을 제시한다.

무엇을 가르칠 것인가

- 허버트 스펜서 지음
- 인문 / 교육
- 신국판 • 264쪽
- 정가 14,000원

영국의 대표적인 사상가 허버트 스펜서의 교육 사상을 다룬 저서로 국내 최초 번역물이다. 찰스 다윈이 "나보다 몇 배는 나은 위대한 학자"라고 평가할 정도로 명망 있는 학자였던 그는 암기에 치중하고, 도덕에 무지하고, 체력을 경시하는 교육의 문제에 대해 이야기한다.

자살의 해부학

- 포브스 윈슬로 지음
- 심리 / 인문
- 신국판 • 320쪽
- 정가 15,000원

자살은 우리가 생각했던 것보다 훨씬 오래전부터 시작된 하나의 '역사'다. 영미권 최초로 자살 문제를 종합 분석한 이 책은 자살을 어떻게 예방할지를 정신과 의사의 관점으로 풀어나갔다. 다양한 사례가 제시돼 있는 것도 특징이다.

신화로 읽는 심리학

- 리스 그린, 줄리엣 샤만버크 지음
- 심리 / 인문
- 신국판 • 344쪽
- 정가 15,000원

그리스·로마 신화부터 히브리, 이집트, 켈트족, 북유럽 신화 등 총 51가지 신화를 소개한다. 인간의 성장 과정에 맞춰 내용을 구성하여 먼저 신화를 소개하고 이어서 신화에 담긴 교훈을 심리학 면에서 살펴보았다. 심리학 용어 없이도 마음의 문제를 쉽게 극복할 수 있도록 돕는 책이다.

조선족 재발견

- 한주 지음
- 인문 / 사회
- 신국판 · 232쪽
- 정가 13,000원

조선족 아내를 둔 대한민국 청년이 쓴 현장 보고서다. 일제 강점기 이후 한민족이 살아가는 곳의 이야기는 모두 조선이라는 나무에서 나온 가지들이라고 주장한다. 윤동주의 고향이자, 김좌진과 홍범도가 활약했던 전장인 연변은 특히 근대사에서 중요한 위치를 차지한다고 역설하고 있다.

공인의 품격

- 김종성 지음
- 인문 / 사회
- 신국판 · 408쪽
- 정가 15,000원

사회 지도층의 도덕적 의무를 뜻하는 노블레스 오블리주의 연원과 의미를 재조명하였다. 이 책은 그리스, 로마뿐만 아니라 세계 각지의 역사에서 노블레스 오블리주 사례를 살펴보고 있다. 한국출판문화산업진흥원이 선정한 이달의 읽을 만한 책이다.

엄마도 모르는 영재의 사생활

- 주디 갤브레이스, 짐 덜릴 지음
- 자녀교육 / 교육심리
- 신국판 · 392쪽
- 정가 15,000원

영재 학생들이 겪게 되는 다양한 상황과 문제를 영재의 편에서 이야기한다. 학교생활이나 또래와의 관계에서 고민 많은 영재 청소년들과 영재 아이를 둔 학부모, 영재 아이들을 지도하며 어려움을 겪은 교사들이라면 꼭 읽어야 할 책이다.

조선의 재발견

- 한주서가 지음
- 인문 / 역사
- 신국판 · 264쪽
- 정가 14,000원

우리가 알지 못했던 조선 시대의 모습을 현재 우리 시대와 비교해 다루고 있다. 조선 시대의 특이한 생활상이나 사건을 통해 다채로운 조선의 모습을 보여준다. 교과서에는 없는 색다른 조선의 이야기를 통해 역사에 대한 흥미를 불러일으킨다.